जीने की कशमकश में...

AF765904

अमन कुमार वर्मा (Ammie)

notionpress.com

INDIA • SINGAPORE • MALAYSIA

ISBN 979-8-89186-333-0

उस ईश्वरीय कृपा का जिस क्षण उसने
मुझमें कविता को अवतरित किया...
उन परिस्थितियों का जिनसे नई प्रेरणाएं
उत्सर्जित हो कविता बन गई...
उन हृदय-स्पर्शी लोगों का, जिनसे हृदय
झंकृत हो कविता बन गई...
उन असंख्य विचारों का जिन्होंने, स्वयं की
चिता बना, कविता को जन्मने दिया...
आभारी हूँ...

अनुक्रम

भूमिका

जब मैंने कविता लिखना शुरू ही किया था उन दिनों अखबार में लियोनार्ड कोहेन का एक उद्धरण पढ़ा जो आज तक मेरी हर कविता के जन्म को प्रमाणित करती आई है। उन्होंने कहा था- "कविता तो जीवन का प्रमाण मात्र है। अगर आपकी जिंदगी अच्छी तरह से जल रही है तो कविता सिर्फ राख़ है" उस दिन के बाद से जब भी कुछ दिनों या हफ्तों तक मैं कुछ लिख नहीं पाता हूँ तो मैं समझ जाता हूँ कि जीवन ठीक से जल नहीं रही है और शांत बैठ एकांतिक क्षणों में जीवन को ठहर कर अच्छी तरह से जलने का मौका देता हूँ तो राख़ भी स्वतः ही बनने लगते हैं और कविता प्रस्फुटित हो उठती है व आत्मा आनंद से झूम उठती है। मन जीवन-मरण, हार-जीत और सुख-दुख के पहुँच से दूर अमरता का एक चक्कर लगा आता है क्योंकि उन क्षणों में मैं जलती हुई जीवन में समा जाता हूँ और खुद को राख़ बनते देख रोमांचित हो उसमें ही विस्मृत हो जाता हूँ। फिर मैं और मेरी कविता एक हो जाते हैं।

मैं न तो भाषा-ज्ञानी हूँ, न ही कोई कवि। मैं बस प्रेरणाओं के रूप में बहती हुई अदृश्य भावनाओं के समुद्र से कुछ मूल्यवान मोतियों को माँ सरस्वती की कृपा से शब्दों के रूप में दृश्यमान करने की कोशिश करता हूँ।

मैंने कुछ रचा नहीं है। मैंने तो बस देखा है और जो दिखा, लिख दिया है। अगर कुछ भूल भी हुई हो तो मेरी खुद की होगी - मेरी खुद की कमी रही होगी क्योंकि मैं मानता हूँ कि मैं अभी कवियों के विद्यालय की पहली कक्षा का छात्र हूँ जो कविता के कखारे सीख रहा है।

मेरा मानना है कि ये दुनिया दृश्य रूप में चाहे जितनी ही विवधताओं व भिन्नताओं से भरी दिखती हो, ये अदृश्य स्वरूप में एक है। मतलब साफ है, दुनिया की अनेकरूपता का आधार इसकी एकरूपता है। मेरा ये मानना है कि सृष्टि में केवल एक मन है, केवल एक हृदय है और केवल एक प्रेम है। मेरा मन आपका मन, मेरा हृदय (सांकेतिक/ अभौतिक) आपका हृदय व मेरा प्रेम आपका प्रेम जैसी कोई चीज नहीं है। भावना-जनित जिन स्पंदनों से मैं गुजरता हूँ आप भी बिल्कुल वैसे ही गुजरते हैं। यही वजह है कुछ कविताएं सबको भाती हैं अगर भावना की वो डोर, जिसपर चलकर कवि ने कविता का आकृति गढ़ा था, को पाठक या श्रोता छू बस लेता है।

मैंने हृदय को काट कर परोस दिया है आपके समक्ष, उम्मीद है आप भी उन स्पंदनों को स्वयं पर स्फुरित व स्पंदित होने देंगे। उन भावनाओं के बवंडर को अपने अंदर उमड़ने देंगे, जिनमें मैंने लिखते समय डुबकी लगाया है। बड़े प्रेम से पढिए...

आपका बहुत शुक्रिया, आपको बहुत प्रेम...

जीने की कश्मकश में...

1. जीने की कश्मकश में...

जीने की कश्मकश में,

धीरे-धीरे मरने लगे हैं हम।

आग से सौदा किया पानी के लिए,

कुछ बूँद की छटा मिली बस,

धीरे-धीरे जलने लगे हैं हम...

जो चाह भी न थी कभी,

उसे भी हमने पा लिया।

सोचा न था ख्याल में,

वो जिंदगी भी जी लिया।

मदिरा को भी चख लिया,

अमृत का घूँट पी लिया।

गैर-जरूरी, सब कर डाले

पूरी दुनिया ही बदल दिया।

सच! क्या होशियारी से चले थे,

अब लगता है,

खुद को ही छलने लगे हैं हम।

जीने की कशमकश में,

धीरे-धीरे मरने लगे हैं हम...

2. वो मुलाकात

शब्दों में वो बात नहीं, जो हमारी मुलाकात लिखूँ,
और, बिन बोले ही जो हो गईं, वो सारी बात लिखूँ।

तुम्हारी आँखों की वो चमक, चेहरे की प्रदीप्त रौनक
जो मुझे देखते आई थी,
मेरी नज़रें मिलते ही, वो जो तुम, पलकें झुका धीरे से,
मुस्कुरा कर शरमाई थी।
मेरी आँखें तुझको छू कर, भरी गर्मी की दोपहरी में,
कैसे ठंडक पहुँचाई थी!
बोलो कैसे लिख दूँ वो पल, जब झटपट-झटपट कदमों से,
तुम पास मेरे आई थी।

व्याकुल मन मेरा सालों से, खो गया था तुझमें बस,

एक स्पर्श पाते ही।

लाख लिखूँगा जान मगर, जो हुआ अलग ही था वो,

होंगी आधी बातें ही।

3. वो कविता मेरी बनी रही

वो कविता मेरी बनी रही,
मैं हमदम उसका बना रहा।

वो मिल के भी मिली मुझे कहाँ,
कह के भी, कुछ कह सका कहाँ।

वो रहती जहाँ, थी रह गयी,
मैं भी यहीं ठहर गया।
वक़्त के बहाव में,
मैं वक़्त सा गुजर गया।

वो कविता मेरी बनी रही,
मैं हमदम उसका बना रहा।

थी रेत की ये आशिकी,

रेत सी बिखर गयी,

बुझती-जलती रही जुगनू सी,

सुबह तलक फिर बुझ गयी।

वो कविता बनी रही मेरी,

मैं हमदम उसका बना रहा।

4. हाँ मुझे भी, कभी थी मुहब्बत

हाँ मुझे भी, कभी थी मुहब्बत
किसी नाज़नीं से, किसी हमखुशी से,
किसी रूपसी से, किसी हमनवा से,
किसी दिलनशीं से, किसी बेवफ़ा से।

मिलते ही जिससे, बजी तार दिल की,
वो मासूम चेहरा, जो शर्मा के देखा,
था उसका नहीं, न थी असली नजाकत,
नकाबो - पशीं थी, कोई और थी वो।

हँसी फिर, मिली फिर,
मिलने लगी फिर,

डरा मन शुरू में,
दिल मिलने लगा फिर।
कहाँ कुछ पता था,
वो न असली, थी काफ़िर।

कहाँ होश फिर अब,
मुझको था आना,
हाज़िर था हरदम,
मिलन का बहाना।
गुजरता नहीं था,
पल कोई गुजारे।
इक महिने मे मैंने,
कई बरस थे जी डाले।
कसम क्या-क्या खाई,
क्या वादे डाले दे डाले।

कहाँ कुछ पता था,

किया क्या हवाले!

उसे दिल की धड़कन भी,

शायद दे डाली,

ये धड़कता उसी से

फड़कता उसी से

संभलने भी अब तो

लगा था उसी से।

हाँ उसी कामिनी से

उसी उर्वशी से

उसी मेनका से

उसी रमणि से

उसी बेवफ़ा से।

हाँ मुझे भी, कभी थी मुहब्बत

किसी नाज़नीं से, किसी हमखुशी से,

किसी रूपसी से, किसी हमनवा से,

किसी दिलनशीं से, किसी बेवफ़ा से।

5. मैं शहर देखता हूँ

मैं शहर देखता हूँ,

सुबह-शाम, दोपहर

गुज़रते

हर पहर देखता हूँ।

मैं शहर देखता हूँ...

जीवन की उम्मीद में,

दौड़ते, लड़ते, मरते,

मरघट में बैठ,

महल सा

उजड़ा घर देखता हूँ।

मैं शहर देखता हूं...

नोच खाया सबने

हरियाली के जगह,

सफ़ेद, रंग-बिरंगी, चमकीली दीवारें

हवा में फैला जहर देखता हूँ।

मैं शहर देखता हूँ...

खिलखिलाती जिंदगी,

क्या मौज में चलती है,

नाचते-झूमते हैं मग्न सब

परदे के पीछे,

मौत का कहर देखता हूँ।

मैं शहर देखता हूँ...

गुज़रते-गुज़रते गुजरती

उम्र से ज़रा, शहर और सब

बेफिक्र जवानी से लड़ते,

खुद से नज़रें चुराती

हर नज़र देखता हूँ।

मैं शहर देखता हूँ...

6. गाँव का बूढ़ा पीपल

गाँव का वो बूढ़ा पीपल,
सपने में आता है,
मुसकुराता है, धीरे से बालों को सहलाता है,
और कहता है,
तू कभी गाँव क्यों नहीं आता है?

यूँ तो बहुत से लोग हैं यहाँ,
पर तेरी बड़ी याद आती है,
इतनों को पाला है मैंने
पर आज, सूनी मेरी छाती है।

हाँ मानता हूँ, थोड़ा थक गया हूँ
शाखें कमजोर पड़ गई हैं,

पत्तियाँ थोड़ी झड़ गईं हैं,
जो बची हैं, थोड़ी मुरझाई सी हैं।

पर आज भी,
सूरज की किरणों से लड़ता हूँ,
इंसान तो आते नहीं, पर,
छोटे कीड़ों को ही छाया देने की कोशिश करता हूँ।

चिड़ियों के घोसले, हवा और आँधियों से,
इन शाखों में टिक नहीं पाती हैं।
फिर भी मैं खुश हूँ, क्योंकि,
वे अब मेरी सूखी टहनियों और तिनकों से ही,
अपना घर बनाती और सजाती हैं।

दूर से ही सही, पर उनकी गीत,
मन को रिझाती हैं।

इस बीच ऐसा कभी नहीं होता,

कि तेरी याद नहीं आती है।

याद आती हैं, वो सारे दिन

जब तू मेरी छाया में,

निश्चिंत खेला करता था।

मैं भी जवान था, तब,

सूरज भी मुझसे डरता था।

भरी गर्मी में जब लू चलती,

तो मैं शीतल हवा बिखेरता था।

खेलकर जब भी तू थकता,

तो गोद में मेरे,

ओट लगाकर सो जाता था।

विद्यालय भले नागा कर देता,

पर, मेरे अँगने में खेलने रोज आता था।

पक्षियों के संग गाने में,

बकरियों को चिढ़ाने में,

तुम्हें बड़ा मजा आता था।

लुका-छिपी खेलते वक़्त,

मेरी ओख में घुस आता था।

छुआ-छूई खेलते वक़्त, कभी,

गोल-गोल घूमता मेरे, तो कभी,

शाखों में चढ़ जाता था।

तू गिर न जाए कहीं,

ये सोच,

हवाओं से लड़कर मैं,

अपनी शाखें कठोर किए रहता था।

जब भी तू उदास होता,

मेरे पास आता था।

मेरे गोद में सर रखकर सोता,
और अपनी मीठी हवाओं से मैं
तुम्हें सहलाता और सुलाता था।

बहुत करीब थे हम,
तुम जैसे-जैसे बड़े होते गए,
तुम्हें खिलौने और मिलते गए
और, और हम दूर होते गए।

पर तुम खुश थे उनसे
इसलिए सुकून मुझे भी था।
पर डरता था कभी-कभी,
तेरे बहक जाने से, क्योंकि,
उनकी क्षणभंगुरता का ज्ञान मुझे भी था।

खैर अच्छा हुआ, तू मुझे छोड़,
आगे बढ़ गया,
क्या दे पाता मैं तुझको?
अब...अब तो वक़्त भी मुझपर तरस खाता है,
छोटे पौधे भी अब तो
हँसते हैं मुझपर,
जब हवा की छोटी सी झोंका भी
मुझे झकझोर जाती है।

ये तो उम्र का पड़ाव है, सोच,
मैं सब सह जाता हूँ।
पर दिल तब भर आता है
जब सोचता हूँ,
कुछ पल के लिए ही सही, पर,
तू कभी गाँव क्यूँ नहीं आता है?

गाँव का वो बूढ़ा पीपल

सपने में आता है,

मुसकुराता है, धीरे से बालों को सहलाता है

और कहता है,

तू कभी गाँव क्यों नहीं आता है?

तू कभी गाँव क्यों नहीं आता है?

7. सीलन

भाग -१

तुम्हारे जाने के बाद, सीलन सा पड़ गया है दीवार पर,

मैं आँखें मूंद, भरोसा करता रहा था,

इन झूठे प्रचारक-दिखावे वादों पर

न जाने पानी कब से बूँद-बूँद रिसता रहा था।

अब तो पानी की कुछ बूँदें, लुढ़कते हुए,

मेरी गालों तक आ जाती हैं।

सुबह तक सारा तकिया गीला हो जाता है

क्या करूँ दूसरे कमरे में नींद नहीं आती है।

दूसरे मजबूत सीमेंट से एक परत, चढ़ाया भी,

पर पुराना उभार दूसरे दिन ही आ जाता है।

कैसा घाव दिया है बारिश ने,

अलबत्ता बढ़ता ही जाता है।

मरहम भी उल्टा ही असर दिखाता है,

कमरा छोड़ा भी नहीं जाता,

और कम-बख़्त रहा भी नहीं जाता है।

रंग-बिरंगे कई परतें चढ़ा कर भी देख लिया,

उभार कम हुआ नहीं, दरार सा है बन गया।

सीलन को इश्क़ हो गया है कमरे से, शायद,

या बारिश की ही दुश्मनी है दीवार से कोई।

शायद तुम्हें मालूम था,

तुमने मुझे बताया नहीं,

कुछ उपाय जरूर कर लेता,

एक बार भी क्यूँ जताया नहीं?

उम्मीद है, तुम ध्यान दोगे!

उस नए कमरे में,

सीलन न पड़े कभी।

इंसान के पास हजारों काम है,

आखिर कब तक कमरा बदलते रहे भला!

मुझे तो अब गीलेपन की आदत सी हो गयी है,

पहले-पहल नींद नहीं आती थी,

जब तक सीलन को सुंदर रंगों से ढकता रहा।

जब से, कोयले और टार की, बदबुदार कालिख पोती है,

सीलन के मुखौटे हटा, रिसाव थोड़ा थम गया है।

कालिख सीलन के चेहरे या जेहन को जंचती है,
शायद...

जारी...

8. सीलन

भाग -२

ऐसे ही सीलन के अनवरत टपकते बूँदों से लथपथ,

मैं भाग रहा था जिंदगी से दूर, सुखन की खोज में।

दुखों का पहाड़ था, जो ढोए चल रहा था, कब से,

सराय मिले कई, रुक न सका, मैं घर की खोज में।

चाहत अब भी वही थी, हाँ पर अब उसमें तुम नहीं थी,

चाहता था, जो दिल शुरू से, अब चाहता था रोज मैं।

दबी ख्वाहिशों को पूरा करना था, अब जीना या मरना था,

आशियाँ मिलते ही खाली कर देता, अब तेरा सारा बोझ मैं।

फिर एक सुबह, सूरज झाँकते हुए मेरे बिस्तर तक आ गया,

शायद गलती से, कुंडी खुली रह गयी थी, खिड़की की कोई।

जब तक जगा मैं, उष्णता कण-कण में समा चुका था,

सीलन भी सूख गया था, इक आहट थी, बुला रहा था कोई।

ऐसा लगा सदियों से बदहोश सोया था, जगा रहा था कोई,

धरती कंपी या तूफान आया, ऐसा लगा, हिला रहा था कोई।

गीलेपन में सोने की आदत सी हो गयी थी, उष्णता नई थी,

पोर-पोर सूख गया था, ऐसा लगा सुखन बरसा रहा था कोई।

जारी...(पाठक अपनी-अपनी भावनाओं व विचारों के आधार पर सुखन बरसाने वाले की आकृति खींच कविता को अंजाम तक पहुँचा सकते हैं)

9. दर्द-दर्द, हाय दर्द!

जल ही जो रहे हो तुम,
पाँव रख रहे जहाँ कहीं,
हैरान हम हैं देखकर,
तुम जगह नहीं बदल रहे!

क्यूँ सह रहे हो ताप वो?
जो जला रही है रोज-रोज,
त्यागते हो क्यूँ नहीं?
है मृत्यु-सा संताप जो!

दर्द-दर्द, हाय दर्द!
कराहते हो रोज-रोज,

मर्ज़ खोजते, नहीं कभी!
क्या प्रेम, तुम्हें है दर्द से?

विडंबना है, हाय! ये,
कट रहे हो, बोटियों में
खुद की हाथ, से ही तुम!
खँजर भली, है लग रही,
स्वर्णिम! जो हाथ में, है धरी,
ख्याल क्यूँ किया नहीं?
कट रहे हो खुद ही तुम!

दुःख की बात, है ये सच!
क्यूँ स्वार्थी भी तुम नहीं?
भौतिक चाहिए, सब अर्थपूर्ण,
भीतर ही, अर्थहीन हो।

मर रहे हो उसके वास्ते,

जो तेरा, है ही नहीं!

सब मिल जाने पर भी,

कमी कभी घटती नहीं

आज़ादी के ख़याल से,

आज़ाद कर्म अच्छा है।

क्यूँ रो रहा है ऐसे?

क्या तू छोटा बच्चा है?

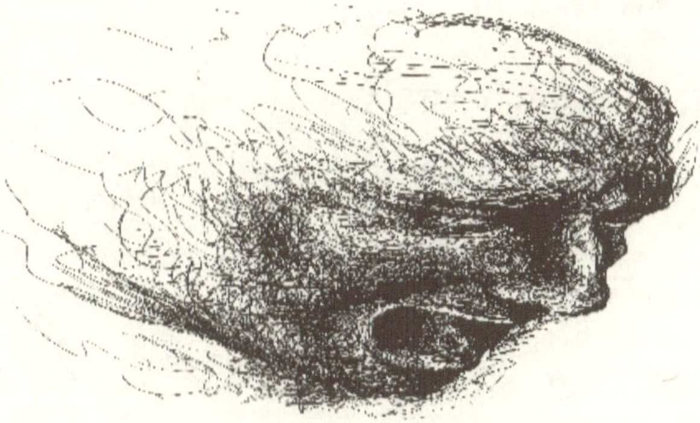

10. बस एक और ज़िरह

बस एक ज़िरह और करनी है

हार ली बहुत, एक बार और लड़नी है

बस एक ज़िरह और करनी है...

पन्ने फाड़, मैंने महल बनाये

सुखा दी नदियाँ श्याही की

A से शुरू किया था चलना,

Y तलक पहुँच-पहुँच हारे हैं,

ठान लिया है मैंने भी

अब Z फतह तो करनी है।

बस एक ज़िरह और करनी है,

हार ली बहुत,

एक बार और लड़नी है...

11. तेरा शहर और मैं

भाग - १

तेरे शहर से तेरी खुशबू आती है,

पक्षियाँ चहचहाती हैं,

कोयल तेरा नाम गाती है।

हवाएं छूती हैं ऐसे

मानो तूने छुआ हो।

वो सनसनाहट की आवाज़,

जैसे तूने कुछ कहा हो।

पेड़ मस्ती में झूमते हैं,

पत्तियाँ साथ निभाती हैं।

मेरी जान चली ही जाती है,

जानलेवा तेरी याद,

फिर से जो आती है।

वो काली-काली कोमल आँखें,

मेरी आँखों में तकने लगती हैं।

तेरी झूठी राह देखते-देखते

फिर बेकार ही थकते रहती हैं।

गुज़रता हूँ जब भी तेरे शहर से,

गुज़रे पल कुछ पल में ही

मैं फिर से जी जाता हूँ।

जो गीत हमने गाया था,

फिर गुनगुनाने लग जाता हूँ।

कुछ अलग ही बात है तेरे शहर की,

आते ही मेरे रोम-रोम पुलकित हो उठते हैं,

मैं फिर से दीवाना हो जाता हूँ।

ट्रेन की खिड़की से पहाड़ों, पेड़ों व नदियों को ऐसे निहारता हूँ,

मानो तुम्हें भीगे बालों में देख लिया हो।

मिट्टी की खुशबू भी तुम सी लगती है,

जी करता है लोट-पोट हो जाऊँ इसमें,

और समा लूँ इसके सोन्धे-पन को खुद मे।

दरिया मानो तेरा रूप धर,

बाँहें फैला मुझे अपने आगोश मे लेने को आतुर हो,

और मैं भी उसमे समाने को बेचैन हो जाता हूँ।

ट्रेन में बैठे, कभी बाहर तो कभी अंदर देखता हूँ,

हर महिला में, तेरी कद-काठी, हाव-भाव, रूप-रंग,

चाल-ढाल, हँसी-मुस्कान, अंदाज-मिजाज और आवाज
तलाशता हूँ।

भीड़ को चीर कर तुझे प्रत्यक्ष कर लेने को जी
व्याकुल हो जाता है,

ये जानते हुए भी कि तुम वहाँ होगी नहीं।

कुछ तो बात है तेरे शहर में,

ये मुझमें एक जादू-सा कर जाती है

न चाहते हुए भी तेरी यादों में ले जाती है

तुझे पाने और चाहने को आतुर मन,

दिल को फिर से बेचैन कर जाती है।

तेरे शहर से तेरी खुशबू आती है,

पक्षियाँ चहचाहाती हैं,

कोयल तेरा नाम गाती है।

हवाएं छूती हैं ऐसे

मानो तूने छुआ हो।

वो सनसनाहट की आवाज़,

जैसे तूने कुछ कहा हो।

12. तेरा शहर और मैं

भाग - २

रास्ते में एक शहर पड़ता है,

मुझसे ये बहुत कुछ कहता है।

ठहर, रुक के देख तो जरा,

तेरा यार, तेरा प्यार यहाँ रहता है।

वैसे, हर रोज़ गुज़रना नहीं होता मेरा,

दूर किसी शहर में, चाकरी है मेरी।

जब भी घर जाना होता है, तो,

साल में दो तीन बार गुज़रना पड़ता है,

उस शहर से, जहाँ मेरा यार रहता है।

हाँ, क्योंकि एक ही रास्ता है,
और वो शहर, रास्ते में पड़ता है।

शहर क्या, नगर है वो,
अपने नाम के आगे, अलविदा लिए,
उसने भी, अपने शहर नाम, बदनाम न होने दिया,
साथ निभाने से पहले ही, अलविदा कह दिया।

मैं आँखें बंद कर, कानों में इयरफोन डाल लेता हूँ,
जब भी इस शहर से गुज़रता हूँ।
भरोसा नहीं अब यहाँ की हवाओं पर भी,
इक ज़र्रे से भी, रूबरू होने से डरता हूँ।

पर ये शहर, कुछ ऐसा बसा है अंदर,
कि अंदर ही अंदर, हसीन मंज़र दिखाता है।
अनहद की तरह धुन बजाता है,

हम दोनों साथ बैठे दिखते हैं।

उसी स्वर्ण नदी के तट पर,

मंजर से लदी, आम्र तरु के नीचे,

कोयल वैसे ही गाती है,

बकरियाँ मंद-मंद मुस्काती हैं,

घास चरती हैं, फिर रह रहकर

इशारे से, हमारी बातें करती हैं,

वही कल-कल की आवाजें,

नदी में झाग, बनती जाती है।

हरा-भरा था चारों ओर,

जीवन कितना ताज़ा था,

उसके बालों की खुशबू,

मंजरी की खुशबू से मिलकर,

एक अकल्पनीय मंत्रमुग्ध करने वाली सुगंध बना रही थी।

मैं मदहोश हो उसमें, बहे जा रहा था,

होश आया तो देखा, टीटी जगाये जा रहा था।

इनका मैंने पिछले जन्म में कुछ बिगाड़ा ज़रूर होगा,

इतने लम्बे रास्ते में, इसी शहर में ये मुझे जगाते हैं।

ऐसा नहीं कि उन ख़्वाबों की दुनियां से बहुत प्यार है,

पर सच तो ये है, कि ये शहर, मुझे काटने को दौड़ता है,

क्योंकि, ये सच कहता है, और सच, तो कड़वा होता है।

खैर, अब ये शहर, बड़बड़ाने लगता है,

सुने बिन रहना, मुश्किल हो जाता है।

वो सच! जिसे, जबरन सच बनाया गया था-

ऐसा सोच ही जीता आया था आज तक,

उसे धोकेबाज और खुद को,

प्रेमपुजारी मानता आया था।

शहर आज सुनाने को अटल था,

सफ़र भी लंबा हो चला था,

शहर ख़त्म ही नहीं हो रहा था।

मैं आँखें भींच रहा था,

ट्रेन अभी उसी नदी के पास से गुज़र रही थी।

तभी एक हवा का तेज़ झोंका आया,

शहर नें धीरे से कहा...

अगर इस डर का इलाज है करना,

तो जो कहूँ, वो पड़ेगा सब सुनना

वरना ऐसे ही, झूठी सच्चाई ढोना,

और बेकार ही मुझसे डरते रहना।

थे नवकली, तुम दोनों, तब से,

पुष्प बन, खिलते मैंने देखा है,

कुछ बिसराए होंगे तुमने लेकिन,

हर घटना मुझमें अंकित है।

उसी सच्चाई के साथ...

जो तुमने उसे पहली बार देखकर महसूस किया था,

जो तुमने उसे पहली बार छू कर महसूस किया था,

जो तुमने पहली बार उसे गले लगाकर महसूस
किया था,

जो तुमने उसे पहली बार चूम कर महसूस किया था।

उसी तरह याद है,

तुम्हारा मिलना-जुलना, घूमना-फिरना,

बातें करना, प्यार करना, और...

और वो बारिश की काली रात भी,

और उसे बिन सुने, तेरा चले जाना।

सुनो आज सच्चाई तुम...

आग लगी थी, तन-मन-आत्मन में उसके,

जान ये, जब पता चला, कल उसकी सगाई थी।

रूह काँप उठी थी उसकी, कर्ज पिता की, ऐसे उसे चुकानी थी,

भागी-भागी, लथपथ भीगी-सी, तब पास तेरे वो आई थी।

तुझसे शादी के बात पर, पहले ज़रूर वो शर्माई थी,

पर, उस रात न्यौता, वो खुद ही तो लाई थी!

बारिश में भी, उसके आँशुओं ने,

तुम्हारे कुर्ते को नमकीन कर दिया था,

सच! खूब रोई थी वो उस रात।

तूने आगे की कोई बात सुनी ना,

निर्णय अपना दे दिया...

अभी चाकरी नहीं है कोई,
घर वालों को भी बताना है।
ऐसा बड़ा निर्णय जीवन का,
इतनी जल्दी, खुद कैसे ले सकते हैं?
कल साक्षात्कार है, थोड़ा रुको,
अभी हम शादी नहीं कर सकते हैं।

'अभी जो न अपनाये मुझको,
मरा हुआ तुम पाओगे,
लाख कोशिशों के बावजूद,
मुझसे मिल कभी न पाओगे'
उसने कहा तो था।

फिर भी तुम, स्थिति की गहराई न समझे!
साक्षात्कार के लिए, सुबह दूसरे शहर को जाना है

जाओ, घर तुम चले जाओ, परसो बात करते हैं,
बोल, तुम उल्टे कदम को लौट गये।

तुम साक्षात्कार मे पास तो हो गए, लेकिन उसे
हारकर,
तुम आए ज़रूर, पर वो मिली नहीं,
तुम मारा-मारा, फिरते रहे,
उसके घर में ताला था,
'उसकी शादी हो गई कल,
घर बिक गया, वो यहाँ नहीं रहते'
इक पड़ोसी ने बोला था।

आत्मग्लानि तो हुई, पिछले रात की तुम्हें,
पर तुम उसे भी, माफ़ न कर सके, सोच,
वो पहले भी तो बता सकती थी ये सब,
या कुछ दिन और रोक सकती थी ये सब

धोखा देकर चली गयी, हाय कैसे जियूँगा अब!
तूने उसे धोखेबाज और मुझे कलंकित बना दिया...

तुमने अपने जीवन के श्रेष्ठतम समय यहाँ जिये हैं,
प्यार क्या होता है समझा, जीवन को जाना
ये कम नहीं जो मैनें तुम्हें दिया है...

चलो फिर भी, मुझसे नफ़रत है अगर, तो रहने दो,
पर तुम्हें दुःखी देख, मेरी छाती जलती है,
तुम बच्चे हो मेरे, तेरी उदासी मुझे खलती है
पर, अब खुद को माफ़ करो पहले,
और उसको भी, आज़ाद करो
दिल के क़ैदखाने से।
खुले दिल से देखो मुझको
मैं अब भी, हजार संभावनाओं का द्वार खोले हूँ।

देखो! मैं अब भी, उतना ही हरा-भरा, उतना ही तो ताज़ा हूँ!

मेरी स्वर्ण नदी का पानी, अब भी, कल-कल करके बहता है,

मंजरी लगते हैं आम्र तरु पर,
कोयल भी गीत गाती है।

प्रणय निवेदन करने को, कितने दिल खाली बैठे हैं,

खोलो दिल के दरवाज़े को, देखो कितने उसके जैसे हैं...

13. है अभी समर

है अभी समर, तू नहीं ठहर
क्या सुबह, रात, क्या दोपहर।
चल डटकर, तू रण कर
बस रण कर...

तूफ़ान खड़ी, मुश्किल है अड़ी,
न थमेगा, न रुकेगा
बस बढ़ेगा,
तू प्रण कर
बस रण कर... तू बस रण कर

है रात अँधेरी, गहरी काली,
ज्ञान-प्रकाश बन जल,
चल,

तू लक्ष्य मनन कर

बस रण कर... तू बस रण कर

तुझको झुकाने, पंगु बनाने,

दुनिया खड़ी, ज़ालिम बड़ी,

झुके रज्जु हों भले,

मन से चल,

तू तन कर

बस रण कर... तू बस रण कर

दस राह तुम्हें दिखलायेंगे,

न जानें खुद, पर सिखलायेंगे

बात है तुझमे यार अलग,

वो जान अगर जो जाओगे

काम किसी ने किया नहीं

वो काम यार कर जाओगे

मरघट्टों की, नगरी में भी,

यार अमर हो जाओगे... तुम यार अमर हो जाओगे...

है अंध नगर और नई डगर,

चलना है पग-पग, फूँक कर

डगमग तो, होंगी ही कदमें,

रुक मत, भले रफ्तार

तू कम कर

बस रण कर... तू बस रण कर...

14. अकड़ा कलम

कलम-दान में रखा कलम

एक अरसे से, अकड़े बैठा है,

या बैठे-बैठे, अकड़ गया है

पता नहीं, शायद नाराज़ है।

पहले, मुझे घूरता रहता था

आँखों से, कुछ कहता रहता था।

अब आँखें उसकी, धुँधला गई हैं शायद

धूल की कुछ परतें, जम गई हैं चेहरे पर...

क्योंकि मैनें ही शायद,

दिल भर के, उसे देखा नहीं अरसों से...

15. मैं सफ़र में हूँ

चलो एक बार फिर से चलते हैं
ठहर लिया बहुत यहाँ,
इक नया सफ़र फिर शुरू करते हैं,
चलो एक बार फिर से चलते हैं।

दिल में क़ैद करके सारी यादों को,
खुशी व दुख के लम्हों,
दबी जज़्बातों को,
सबको अलविदा कहते हैं,
चलो एक बार फिर से चलते हैं।

चलना ही है काम मेरा,
रस्ता है मंजिल, जो अनंत है

बेघर न समझो मुझको, मैं घर में हूँ,

मुझे रोको न यारों,

मैं सफ़र में हूँ।

विश्वास है मन में,

मिलेंगे सफ़र में, फिर कभी न कभी,

कर्तव्य पथ का, पालन भी करना है,

इसलिए, अलविदा, जाना है अभी।

16. उसका फिर अचानक मिलना

उम्र के बहाव में,

वो चाह थी,

जो छूट गई।

न जाने कब?

न जाने क्यूँ, कैसे?

जिंदगी सिमट गई।

मिली थी मुझको,

आज वो,

कई बरस के बाद फिर।

कहा न कुछ,

सुना न कुछ,

बस मुझमें लिपट गई।

हवस न था

क्या प्यार था?

या दर्द का गुबार था?

जो अश्रुओं सा बह रहा,

दुखों का क्या बौछार था?

क्या था? जो,

गला रुंध गया,

वो चाह कर न कह सकी,

न बोले भी, न रह सकी।

साँस आधी ही आ रही थी,

आज वो हकला रही थी।

आँख मेरे भर गए,

धड़कने भी बढ़ गए

हाथ आगे बढ़ गए

आगोश में लिए उसे,

आप ही जकड़ गए।

एक पल को ये लगा,

हम एक जिस्म हो गए।

फिर,

इक हवा का, तेज़ झोंका,

हमें, झकझोर कर चला गया।

फिर याद आये बात वो,

जब उसने, हाथ छोड़ के,

एक जड़ दिए थे गाल पे

न बिछड़ने के सवाल पे।

रुकी न थी, फिर चली गई,

सवाल कुछ वो दाग के।

प्यार-प्यार करते हो, बस!

काम कुछ भी है नहीं!

वो लाखों में कमाता है,

Mercedes में आता है।

इश्क़-विश्क़ बाद में,

पहले, कुछ ऐसा तो करो सही।

अब धड़कने थे थम गए,

अश्रु भी घूँट बन गए।

ऐसा न था,

कि प्यार न था,

पर ऐ दोस्त, अब,

वो मेरा यार न था।

गोद मे किलकारियाँ थी

बहू की जिम्मेदारियाँ थी

चलचित्र जब चला ये मन में,

एक पल को मैं, सिहर गया
ठिठक गया, संभल गया।
सीने से उसको दूर कर, कहा,
माफ़ करना, मैं फिसल गया।

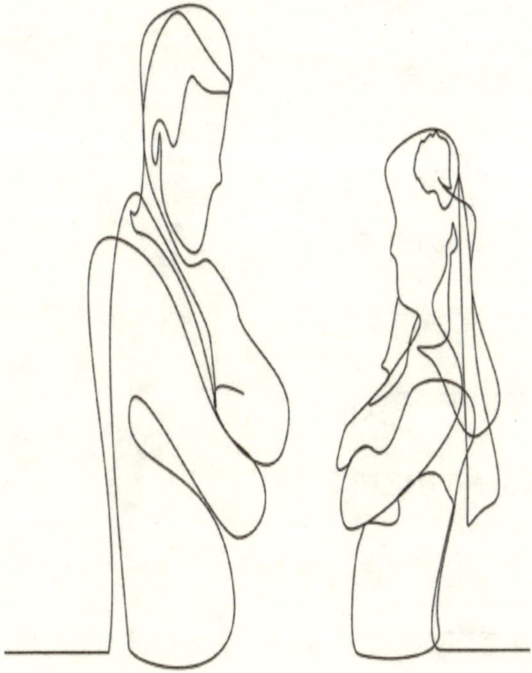

17. ये जद्दोजहद क्या है?

जब कुछ भी सच नहीं

तो ये जद्दोजहद क्या है?

मैं कहता हूँ, जिंदा हूँ,

चलता-फिरता हूँ,

काम करता हूँ।

चीजें बदल जाती हैं,

मेरे कुछ भी करने से।

फिर एक पल में ही,

ये साँसे भी मेरी नहीं,

तो कोई बताये मुझे,

अब ये हक़ीक़त क्या है?

जब कुछ भी सच नहीं

तो ये जद्दोजहद क्या है?

18. संभाल के!

मैं कोई नज़्म लिखूँ, और तेरा नाम न हो,
फिर कोई शक नहीं, कि पन्ना सादा न हो।

बिछड़ना ही था, तो वज़ह बोल भी देते,
ख़्याल रख़ा था मैंने, झूठा कोई वादा न हो।

हर चाह पूरी की, खुद चाहें जगाकर तेरी,
पर कोई बताये ही क्यों, अगर इरादा न हो।

रकीब का चक्कर था, तो भी जाने देता मैं,
बस इतना जान लेता, मेरे जैसा गधा न हो।

मिलता और सलाह देता उसे, जाँ बचाने की,

ध्यान रखना, इश्क़, कहीं मेरे जैसा ज्यादा न हो।

काँटे हैं बिखरे, इस राह पर, जरा संभाल के,

क्या पता वो शख़्स, मुझ सा सीधा सादा न हो।

19. वक़्त से नाराज़ हूँ

वक़्त से नाराज़ हूँ,
मैं वक़्त से हूँ ख़फ़ा,
सभी का बदल रहा,
मुझे ही क्यूँ ये छल रहा!

मैं कोई गैर तो नहीं,
वक़्त से वैर तो नहीं
सभी के ही समान हूँ
क्यूँ वक़्त का गुलाम हूँ!

पसीने की बारिशों में,
भीग, छप-छपा के चल रहा,

गुनाह क्या है कर दिया?

वो चाह जो न मिल रहा।

है क्या कमी बची हुई?

बता ऐ मुझको वक़्त तू,

कमी न की है कर्म में,

ये देख उबलता रक्त तू।

20. पागलपन

कुछ एक गलतियाँ हो गईं,

तो क्या हम जुदा हो जाएँ?

और न मिले वो गर हमें,

तो क्या हम बेहुदा हो जाएँ?

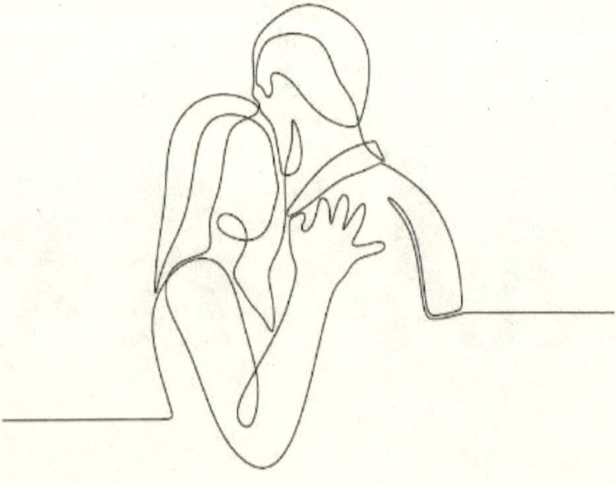

प्यार करता है दिलो जाँ से कोई,
तो क्या हम ख़ुदा हो जाएँ?

और आप न रहे मेरे जहाँ में,
तो क्या हम मुर्दा हो जाएँ?

21. क्यों हो तुम डरे-डरे?

दो पल की जिंदगी है,
जानते हो जो ये तुम
तो क्यों हो फिर डरे-डरे?
क्यों हो तुम मरे-मरे...?

जी लो इस पल को फिर
क्या पता ये ना मिले!
गले लगा लो यार को,
हाँ उस पुराने प्यार को
भूल कर के सब गिले
क्या पता, फिर ना मिले...

शेर सा दहाड़ दो
डर का सीना फाड़ दो
डर को जड़ से ही
उखाड़ दो...

भूख तेज़ कर लो तुम
या भूख ही नहीं तुम्हें?
क्या संत सा महान हो?
या दूसरे जहाँ में हो!
चाहते हो ग़र जो कुछ तो
भूख तेज़ कर लो तुम
तेज़ इतनी बढ़ चलो कि
विपदा सारी हर लो तुम
कदम हो इतनी तेज़ कि
आसमाँ भी नाप लो,
मान लो ये बात यार

कृष्ण सा महान हो

डर को भी डरा दिया

हाँ तुम ही तो श्रीराम हो...

22. बेबस

क्या शहर क्या वतन क्या जहाँ उसके लिए,

जिसने महीनों से पेट भर खाया नहीं,

काम तो कमर तोड़ किया उसने,

पर कुछ कमाया नहीं।

दूध पीते कुपोषित बच्चे हों, गोद में,

दूध से जरूरी कुछ कहाँ उसके लिए?

दो वक़्त का भोजन मिल जाय कहीं से बस,

क्या शहर, क्या वतन क्या जहाँ उसके लिए!

यहां कौन किसका है, कौन किसे देखता है?

जिसकी तवा, वही रोटी सेंकता है।

ख़ुदा का भी पता नहीं, है कि नहीं,

कहाँ वो भी अदनों को कभी देखता है।
मर-मर के जो जी रहा है,
साँसें भर सोचती हो जिसके लिए,
कल भूगोल बदले, इतिहास बने,
क्या बदलेगा भला उसके लिए,
सही ही तो है वो,
क्या शहर , क्या वतन, क्या जहाँ उसके लिए!

बिन बाप की बिन ब्याही बेटी, माँ बने,
तिरस्कार करतें हैं वही, हाथ जिनके भी खून से सने
लुटती है चीथड़ों की तरह, क्या दिन क्या रात जो,
वो ज़िन्दाबाद करे, या लड़े जिंदगी के लिए,
तुम्ही कहो फिर,
क्या शहर, क्या वतन, क्या जहाँ उसके लिए!

कहने को तो कह भी दे, ज़िन्दाबाद! ज़िन्दाबाद!
कहने में क्या जाता है ज़बाँ के लिए...

पर ये भेद-भाव, उसके समझ से परे हैं,

एक ही चेहरा आता है ज़ेहन में उसके, हर इंसान के लिए,

जो हर रोज नोच खाता है उसे, हैवान की तरह,

अपनी सुकून-ए-इंतिज़ाम के लिए।

तुम्ही कहो फिर,

क्या शहर, क्या वतन क्या जहाँ उसके लिए!

23. और क्या है...!

और क्या बताऊँ क्या है?

एक मैं हूँ, मेरी चिता और कफ़न है,

और क्या है!

जुनून-ए-जिंदगी, जो जलाई है हमने,

आज खुद ही, खुद में दफ़्न है,

और क्या है!

एक मैं हूँ, मेरी चिता और कफ़न है,

और क्या है...!

बचते-बचाते, क्या चालाकी से चले थे,

क्या पता था, हर वक़्त खुद ही खुद को छले थे।

दरारें छिपाते रहे उम्र भर, दाग़ बची रही,

सारा बदन जल गया, राख़ बस बची रही।

थी जिंदगी, तो न जी सके कभी,

आज फिर, जिंदगी की तलाश है,

एक मैं हूँ, मेरी चिता और कफ़न है,

और क्या है...!

ख़ाक खुद ही कर दिया, उदासियों में जी के यूँ,

काट हाथ खो दिया, खुद की उँगलियों को क्यूँ?

दिया जिसे शहंशाहों सी लत,

वो लिबास, कफ़न में आज दफ़्न है,,

एक मैं हूँ, मेरी चिता और कफ़न है,

और क्या है...!

जो मर-मर के थे यूँ जी रहे,

आज मरे ही, तो क्यूँ रो रहे!

जो हो गया वो ठीक है,

बेकार जिंदगी थे ढो रहे।

साँसों से, कल भी तुम अनजान थे,

वो आज भी बे-जान है,

एक मैं हूँ, मेरी चिता और कफ़न है,

और क्या है...!

तेरी ख़ुशी कि चाभियाँ, गुलामी लगती थीं तुझे,

आज, सब दफ़्न हो गयी तो फिर,

हैरान है तू क्यूँ भला...?

जो चाहता था उम्र भर,

वो जिंदगी तो मिल गयी, आज़ाद हो गया है फिर,

परेशान है तू क्यूँ भला...?

तारीख़ें कल थीं भागती...

आज, शायद तेरे बस में है,

एक मैं हूँ, मेरी चिता और कफ़न है,

और क्या है...!

छपाक-छप खेलता रहा, बह-बह के ख़त्म हो गया,

अमृत का वो घड़ा जो था,

फूट जब वो घड़ा गया, मुझे ये पता चला,

एक बूँद भी न पी सका,

एक पल को भी न जी सका,

अनजान जिंदगी से था,

आज फिर से गुमनाम है

एक मैं हूँ, मेरी चिता और कफ़न है,

और क्या है...!

24. क्या कहूँ क्या हूँ मैं...!

क्या कहूँ क्या हूँ मैं...!
हैवानियत की लिखी, नाजायज कहानी हूँ मैं,
नंगों में बिकती, खूबसूरत, उधड़ी जवानी हूँ मैं...

कब बनी, या बना दी गयी?
क्या थी? क्यों हुई? बताये कौन?
याद कुछ आता भी नहीं...
हमें हर रोज बिठा लेता है जाँघों में कोई,
बेशर्मी करना भला चाहता है कौन,
शर्म उसे तो आता भी नहीं...

सबकी आँखों में अपनी पहचान ढूँढती हूँ मैं,
क्या कहूँ क्या हूँ मैं...!

हैवानियत की लिखी, नाजायज कहानी हूँ मैं,
नंगों में बिकती, ख़ूबसूरत, उधड़ी जवानी हूँ मैं...

खिलौनों की जगह खेले हैं होली, हर रोज लहू से मैंने,
इबादत सीख ली करनी, उस ख़ुदा की, जो है ही नहीं...
शुक्रिया उस भूखे दरिंदे का क्यूँ न करूँ ?
बेहोशी से होश में, कई बार लाया जिसने मुझे...
मरती रही मैं, आँख बंद होते रहे मेरे,
थप्पड़ मार, हर बार होश में लाया जिसने मुझे...

शुक्रिया उस भूखे दरिंदे का क्यूँ न करूँ ?
दर्द भरे थे जिंदगी के हर कोने मेरे,
दर्द में और दर्द को पीना सिखाया जिसने मुझे...
मैं कराहती रही, आँसुओं में रोती रही,
गीदड़ सी दाँत दिखा जबरन हँसाया जिसने मुझे...

शुक्रिया उस भूखे दरिंदे का क्यूँ न करूँ ?
भूखी मैं थी, मुझे नोच वो खाता रहा,

गुदड़ी में भी परमार्थ सिखाया जिसने मुझे...
अपनी खून से वज़ू की उस ख़ुदा की मैंने,
इसके सिवा, कोई राह नहीं दिखाया जिसने मुझे...

शुक्रिया उस भूखे दरिंदे का क्यूँ न करूँ?
मर-मर के भी जीना सिखाया जिसने मुझे...
आज तक ढूँढती रही उन आँखों में ईमान मैं,
क्या कहूँ क्या हूँ मैं...!
हैवानियत की लिखी, नजायज कहानी हूँ मैं,
नंगों में बिकती, ख़ूबसूरत, उधड़ी जवानी हूँ मैं...

25. प्यार निर्दोष होता है

ऐ प्यार तूने तो मुझे बनाया है,
तूने तो, मुझे जीना सिखाया है...
तो फिर, कैसे बदनाम कर दूँ तुम्हें, ग़र,
वो मिला नहीं, जिसने प्यार सिखाया है...
ऐ प्यार, तूने तो मुझे बनाया है,
तूने तो मुझे जीना सिखाया है...

माना वो मिला नहीं मुझको,
पर कैसे दिखाऊँ? ऐ जमाना,
वो कितना मुझमे समाया है...
तमाम आँधियों के बीच आज भी,
वो दिया जल रहा है,
जिसे उसने मेरी रूह में जलाया है,

कैसे दिखाऊँ? वो कितना मुझमे समाया है...

ऐ प्यार, तूने तो मुझे बनाया है,

तूने तो, मुझे जीना सिखाया है...

होती लफ़्ज़ों में बयाँ,

तो दास्तान-ए-असीम लिख देता मैं...

स्याही पूरी ग़र लिख पाती,

तो ये सागर भी सींच देता मैं...

होती एक नज़र तो कहूँ

हर आँख में वो ही दिखता है...

किताबें-विताबें, पेड़-पौधे, जीव-जनावर,

ये जंगल-पहाड़ें, नदी-समंदर, यहाँ तक कि रेगिस्तान भी,

उसी का चेहरा दिखाते हैं,

दुकान भी जाकर क्या खरीदें,

हर सामान में वही बिकता है...

होती एक नज़र तो कहूँ,

हर आँख में वही दिखता है...

26. दो पल तुम्हारी बाँहों का

दो पल तुम्हारी बाँहों का
मुझको जो
मिल जाए सखी...
जो हुई नहीं है सालों से,
वो बात अब
हो जाए सखी।

मिलने को सागर से
पहड़ों से, कंदराओं से
नदी सा प्यासा-प्यासा
भटका हूँ।
गाँव कहूँ या शहर सखी

दो पल की सुकूँ को

नगरों में, भीड़ की सन्नाटों में

भटका हूँ।

मिला नहीं वो रस कहीं

बस प्यास ही

बढ़ता गया सखी

दो बूँद तुम्हारी होठों का

मुझमें जो

घुल जाए सखी

प्यासा मन ये सदियों का,

प्यास ही

भूल जाए सखी।

सदियों का मिले ना साथ सही

दो पल बस अपना दे दो ना

घुल के मिल के घुल जाऊँ तुम में

दो पल बस ऐसा दे दो ना ।

दो पल के उस साथ में

करें ऐसी कुछ बात सखी

न बचूँ मैं, न तुम रहो सखी

हम-तुम, हम-तुम के घेरे से

पार हम

हो जाएं सखी।

दो पल तुम्हारी बाँहों का

मुझको जो

मिल जाए सखी

जो हुई नहीं है सालों से

वो बात अब

हो जाए सखी।

27. हवस भी क्या हवस हुई!

सुनो बताऊँ बात एक
उस अँधेरी रात की
नशे में धूत शैतान का
उस कली को रौंदना
मरोड़ना, घसीटना
बे-वज़ह ही पीटना।

वेहशियत और दरिंदगी की
एक खूनी रात की,
ये बात है
नर में छुपी नर-भक्षियों
के जात की,
पिशाची बन चुकी उस

इंसानी जज़्बात की।

तोड़ते-निचोड़ते वो

काट-बाँट, बाँट-काट

चाट कर निगल गए।

चीर उसके सीने से,

दिल निकाल

हाथ रख दिए।

गीदड़ों सी दाँत भींच

मरोड़ होठ

रौंद उसको चल दिए।

पड़ी रही वो लाश सी

फफकती, कराहती

न साँस भी वो ले सकी

न साँस बिन वो मर सकी

थी दर्द इतनी तन में की

वो अंदाज भी न कर सकी

था क्या टूटा और क्या फटा?

था क्या बदन से हो गया अलग?

कहाँ वो ये समझ सकी!

कहाँ होश इतना था उसे!

पर होश इतना था उसे,

हैवानियत के कृत्य पर

अश्रु न अपनी रोक सकी।

दिल में जितना दर्द था

उस मनहूसियत, शैतानियत

दरिंदगी को झेल कर,

विश्वास वो न कर सकी

वे नर ही थे या पिशाच थे

हवस भी क्या हवस हुई

तुम जान मेरी ले गए...!

28. चलो चलें उस पार सखी

चलो चलें उस पार सखी

हो जहाँ प्यार ही प्यार सखी...

चलो चलें उस पार सखी

हो जहाँ स्वर्ग का द्वार सखी...

यहाँ इश्क़ नहीं, है जुल्म सखी

न गलती, पाप न भूल सखी

ये मरघटों की नगरी है,

यहाँ इश्क़ पैरों की धूल सखी...

चलो चले उस पार कहीं,

जहाँ ईशा का हो इश्क़ बसा

जहाँ प्यार-प्यार हो कण-कण में

जहाँ बुद्धा का हो ध्यान बसा...

वहीं कहीं फिर कन्दराओं में

लेंगे हम विश्राम सखी

मैं हूँ तुम हो अलग-अलग

इस झूठ को विस्रायें सखी...

29. पापा हैं कमाल के अपने

हाथों में जब पगडंडी पर
हाथ तेरा जो होता था,
शेर-जिगर हो जाता था
जब मैं छोटा होता था...

रहम तुम्हारी करम तुम्हारी,
दिन रात तुम काम करते थे,
चिंता नहीं न फिकर कोई,
हम बस आराम करते थे...

प्यार तुम्हीं से करते थे
और
तुमसे ही हम डरते थे,

पदचाप सुनाई पड़ते ही
उठ
पढ़ने हम लग जाते थे...

हर रात रसोई के पीढ़े पर
जो बिठा बात सिखलाई है,
झूठे में सिर हिलाया था,
सार, अब समझ मे आई है...

दिये के रौशनी में जो,
जो उजाला दिखलाया था,
अब जान पाया, उसमें
सूर्य सा प्रकाश समाया था...

देख पसीने समझ न आया,
अनायास जो सर पर आते थे,

अनायास नहीं, थे कारण बड़े
पर हमसे अनछुवे रह जाते थे...

पापा जो हैं कमाल के अपने,
सब खुद ही झेल जाते थे,
देनदारी हो या कोई बीमारी,
या फिर मंदी की मारामारी,

मजाल है उनसे पार हो कोई

छू ले हमको,

खेल समझ,

वो सबको खेल जाते थे...

पापा जो हैं कमाल के अपने,

सब खुद ही झेल जाते थे...

30. सुशांत सिंह राजपूत की मृत्यु पर

वो सीधा सादा सच्चा था,

रब का प्यारा बच्चा था...

ऐसा ना कर सकता था,

वो ऐसे ना मर सकता था...

होगा कोई प्रपंच पीछे,

जाँच इसका करना होगा...

मारा है जिसने भी उसको,

अब उसको भी मरना होगा...

ये मौत कहानी लगती है,

सुनकर छाती क्यूँ जलती है?

मीडिया तो सच ही कहती है,
क्या आज हमें ये ठगती है?

पिता गुज़ारिश करते है रो-रो,
कह दो कि ये झूठा किस्सा था...
हाय जियूँगा कैसे तुम बिन बेटा,
तू तो मेरा आधा हिस्सा था... 2

वो सीधा सादा सच्चा था,
रब का प्यारा बच्चा था,
ऐसा ना कर सकता था,
वो ऐसे ना मर सकता था...

जिसके आँखों में ऐसे जीवन जो चमकता था,
वो मरना भला क्यूँ चाहेगा?
सफलता के शिखर पर था ज़ब,
वो खुद से लड़ना भला क्यूँ चाहेगा?

कोई चाल है ये, चालबाज़ों की,

या भीतर दबी आवाज़ों की,

जिसको कोई ना देख सका,

वो हँस के मिलता रहा सदा,

दुख में भी खिलता रहा सदा,

उस दुख को ना कोई देख सका...

वो नाचता था, वो गाता था,

फिल्मो से अच्छा नाता था...

काई पो छे से शुरू होकर,

छिछोरे तक उसने कई सुपेरहिट दे डाला था.

MSD का वो लड़का सबको अब भी भाता है...

वो इंसान कहीं अब चला गया,

बस पसरा अब सन्नाटा है...

अब भी हैं सवाल बहुत,

मीडिया में बवाल बहुत,

सच में अब भी पर्दे लटके हैं,
सच का पता लगाना होगा,
ऐसा करना मुश्किल होगा,
वो खुद ही कैसे लटके हैं..?

वो सीधा सदा सच्चा था,
रब का प्यारा बच्चा था...
वो ऐसा ना कर सकता था,
वो ऐसे ना मर सकता था...

31. मैं स्वाँस हूँ...

मैं स्वाँस हूँ...
हर वक़्त तुम्हारे पास हूँ...
हाँ वही सनसनाहट की आवाज,
जिसे तुम कभी गौर नहीं करते,
वो दबी सी मद्धम अहसास हूँ।
हाँ मैं स्वाँस हूँ...

माना अब तुम बड़े आदमी हो गए हो,
हज़ारों काम होती हैं तुम्हे,
व्यापार बढ़ाना है, नौकरी चलाना है...
चलो कम से कम इसकी चिंता तो नहीं,
कि रोजी कमाना है...
पर अपने वजूद को भूल कर,

अब भला तुम्हें क्या पाना है?
सोचा है कभी, मैं जो नहीं,
तो तुम भी कहाँ हो?
मोल फिर कहो क्या उसका?
जो कमाए यहाँ हो...
जो पास नहीं उसे पाने में खोए हो इतने,
दिखती नहीं मैं, इतनी अमूल्य जो पास हूँ...
हाँ मैं स्वाँस हूँ...
देखो जरा तुम्हारे ही तो पास हूँ...

माना तुम्हें वक़्त नहीं मिल पाता,
काम में बस खो से जाते हो तुम।
बस डरती हूँ ऐसे ही कहीं,
एक दिन मुझे न खो दो तुम।
इसीलिए जब भी तुम गुस्से में लाल-पीले हो जाते हो,
और धड़कन बढ़ जाती है, तो

मैं अपनी रफ़्तार बढ़ा देती हूँ...
जब हतासा होती है, तुम निराश होते हो,
मैं तुम्हें जोर से थामे रहती हूँ,
कहीं तुम टूट न जाओ और कुछ कर न बैठो...

पर मैं तब हारी सी महसूस करती हूँ,
जब लोगों को मरते देखते हो,
फिर भी तुम्हें मेरी याद नहीं आती...
मैं बस यूँ ही बेबस तुम्हरे अंदर-बाहर होती रहती हूँ,
तुम्हें जिंदा रखने की पुरजोर कोशिश करती हूँ...
काश तुम्हें मेरी मूल्य पता होती!
थोड़ी गौर मुझपर भी करते,
तो जिंदगी को हर पल नई पाते...

बचपन में कैसे मुझे पूरी गहरी भरते,
ओर पूरी छोड़ते थे तुम...
तुम्हें पता नहीं,

लेकिन यही सबसे बड़ी वजह है कि

तुम्हारा इतना शारीरिक व मानसिक विकास हो सका।

अब तो तुम अपने अंदर आने ही नही देते कि,

मुझे छोड़ देते हो...

इसीलिए तुम्हारा विकास भी अब थमा-थमा सा लगता है,

चेहरे में झुर्रियां आने लगीं हैं, रक्त चाप बढ़ने लगी है...

थोड़े में परेशान हो जाते हो, गुस्सा भी क्षण में आ जाता है

फेफड़े कंपने लगते हैं, दिल की धड़कन भी बढ़ जाती है...

जो साँस नहीं ले पाते उनसे पूछो,

मैं उनके हर पल की तलाश हूँ...

हाँ मैं स्वाँस हूँ...

देखो जरा तुम्हारे ही तो पास हूँ!

पर तुम्हें क्या?

तुम्हारे लिए तो बस एक सनसनाहट सी एहसास हूँ...

एहसास बोलना भी ज्यादा लगता है कभी-कभी,

क्योंकि गर मेरे होने का एहसास जो करते तुम,

तो मुझे आज तुम्हें टोकना न पड़ता...

मुझे लगता है मैं तुम्हारे जीवन में,

अंदर-बाहर होती बस एक सनसनाहट सी आवाज हूँ

और कुछ नहीं...!

एक विनती है,

कि थाम लो मुझे, अपने हर पल मे शामिल करके,

क्या पता मैं अगले पल रहूँ न रहूँ...

मुझे अपने वजूद की चिंता नहीं,

लेकिन मैं तुम्हें, बेखबर मरते नहीं देख सकती...

कल की चिंता छोड़ो, आओ अपना मिलन करें,

आज तो तुम्हारे पास हूँ,

हाँ मैं तुम्हारी ही तो स्वाँस हूँ...

बस तुम्हारी ही तो स्वाँस हूँ...

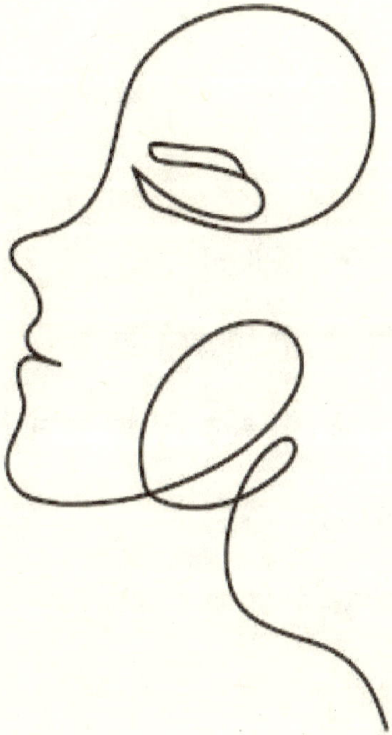

32. धरती और बादल की तू-तू मैं-मैं

बादल धरती से-

माना इंसानों संग रहती हो,
पर क्यूँ उनकी ही सी फ़ितरत है?
थोड़े मे बह जाती हो, थोड़े मे ढह जाती हो,
थोड़ा भी संयम नहीं तुम्हें,
क्यूँ कभी भी हिल-विल जाती हो?

धरती बादल से-

संयम की बातें करो नहीं,
इसमें ही तेरी महानता है,

वरना महान हो कितने तुम,
ये सारा संसार जानता है।

थोड़ी सी हवा चली नहीं,
थोड़ी गर्मी क्या बढ़ी नहीं,
तुम मँडराने लग जाते हो।
घेर घटायें, मेघ सभी,
अँधियारा ले आते हो,
छोटे कीड़ों पर भी तुम,
कैसे निर्दयता बरपाते हो?

बादल धरती से-

थोड़ा सा क्या छेड़ दिया,
प्रचंड ही बन जाती हो।
चंद फैक्ट्री क्या डाले वो,

तुम उबल-उबल सी जाती हो।

आखिर तेरे ही बच्चे हैं सब,

क्यों दया तुम्हें न आती है?

नदियों का बेड़ा तोड़ो तुम,

बाढ़ की इल्ज़ाम, मुझपर आती है।

धरती बादल से-

बरस-बरस के धुवाँधार,

तुम उत्पात मचाते हो।

नावें बह-बह जाती हैं,

छप्पर उड़-उड़ जाती है,

दीवार बेचारी सहमी सी,

कंप-कंप के, गिर जाती है।

दुबके रहते घर पर सब,

जीवन ठहर-ठहर सी जाती है।
नदियों में जल ठूँस-ठूँस,
उलटी तक पिलाते हो।
जब बाँध टूट सी जाती है,
तुम मुझको आँख दिखाते हो।

इंसानों को छोड़ो तुम,
जैसे भी हैं अच्छे है,
आखिर मेरे बच्चे है।
कारखानों की बात, अभी नहीं,
वैसे संबंध तुम्हारा, है भी नहीं।
उस अंधकार की बात करो,
जब तुम काले पड़ जाते हो।
सूर्य थोड़ा तम-तिमिर सा हुआ नहीं,
तुम तो दिखने भी बन्द हो जाते हो।

तभी जोर से बिजली कड़की,
बदरी फटी, जोरों की बरसी।
धरती का सीना सहम गया,
जो भी था स्थिर, बह गया।
धरती ने दम पुरजोर लगाया,
ढालू बन, जल सिंधु लगाया।
बादल बरसता रहा धुँवाधार,
अनभिज्ञ जीवों से, हो मतवार।
धरती रो रही, होकर गीली
मुख-मंडल शर्म से पीली-पीली।
नदियों के बेड़े फिर टूट गये,
बछड़े माँ से फिर छूट गये।
जो अभेद महल कहलाते थे,
सब एक रात में लूट गये।
गुदड़ी, क्या गाँव, क्या शहर
जल में सब पूरे समा गए।

बह गया सारा साजो-सामान

कई पीढ़ी थे जो कमा गये।

धरती अब मुँह भी न खोल सकी,

क्षमा करो गलती, भी न बोल सकी।

बादल का हृदय द्रवित हुआ,

फिर उसने सूरज को छुआ।

पागलपन से हुई तबाही देख,

फिर सूरज आगबबूला हुआ।

जला दिया बादल का घोर घमंड,

धरा को भी पूरा सूखा दिया।

दोनों को दिखने लगा अपना दोष,

जब सूर्य-दंश से आया होश।

अच्छा नहीं इतना आक्रोश, इतना रोष,

मार डाले कितने निर्दोष! दहाड़ा सूर्य ने।

माफ करो! हमें माफ़ करो! भूल हुई है हमसे,

हम क्या मारें उसे, जिसे सहारा सूर्य दे।

मार दिए सब जीव हमने स्व-मद में हो चूर,

वचन दिया है, अब फिर होगी न ऐसी भूल।

सूरज धरती व बादल से-

मैं कोई देव तो नहीं, मैं स्वयं महादेव तो नहीं,

तुम-सा एक रखवाला हूँ, जीवों को पालने वाला हूँ।

हम सब दिखते हैं अलग-अलग,

पर अस्तित्व एक ही है मानो।

सहअस्तित्व पर टिके हैं तीनों,

सूर्य-देव, वरुण-देव और धरती-माँ बनकर।

किसके आगे दिखना है बड़ा?

ऐसे तना-तनी कर-कर।

ऐसे आक्रोशित हो बरपोगे,

मानव का प्रेम न पाओगे।

देव-देव कह पूजते हैं जो,

सब आक्रोशित हो जाएंगे।
देखते ही सब बदल जाएगा,
हम देव नहीं, दानव कहलाएंगे।

चलो भूल सब माफ़ अभी,
करो कचरा अब साफ़ सभी।
फिर से कलियों को खिलने दो,
फिर से गलियों को खुलने दो,
फिर से दीवारों को हो भरोसा,
खंभों को अब न हिलने दो।
बछड़ों को माँ से मिलने दो,
बिछड़ों को फिर से जीने दो।
उम्मीदों के बगीचे में,
जीवन के फूल खिलने दो।
तीनों ने दम अपना झोंक दिया,
जो भी था संभव सब किया।

धरती ने असंख्य लीटर जल पिया,

बादल नीला और फिर साफ़ हुआ,

सूर्य ने स्वर्णिम रूप दिखा

नवजीवन का संकेत दिया।

33. वो बच्चा छोटा

वो बच्चा छोटा,

उछलता-फुदकता,

मस्ती में ठुमकता

चला चाल अपनी,

पैर उठाता-पटकता

उस कुल्फी के पीछे,

वो आगे था, ये क्या?

अब बढ़ने लगा था

दी आवाज़ उसको,

जोर नाभि से निकला

सुनकर कुल्फी वाला रुका फिर,

देखा पलटकर उस ग्राहक को आता

कुल्फी है लेना, कुल्फी है लेना,

तुतलाता बालक,

बिना राह देखे, उड़े जा रहा था.

रुका हूँ मै, पैकार बोला,

आराम से, जरा धीरे तो आओ!

वो बालक बेचारा,

था कुल्फी का मारा

कहाँ रास्ता उसे कुछ पता था,

कुल्फी का उसको ऐसा नशा था

गिरा जोर से, अपने ही पैरो मे फंस कर,

गड्ढा नहीं था, थी धरती वो समतल।

गिरा कब उठा कब,

उसे क्या खबर थी,

बस एक कुल्फी पर,

उसकी नज़र थी।

34. भौतिकता से परे है मेरा प्रेम

भौतिकता से परे है मेरा प्रेम,

तुम्हे चाहने के लिए,

तुम्हारी ही जरूरत नहीं इसे।

क्यूंकि तुम्हारे आवरण से ज्यादा,

तुम्हें जनता है ये।

ख़ुदा से तुम्हें मांगता है, और फिर,

तुम्हें ही अपना ख़ुदा मानता है ये।

कितना निश्चल, निरंतर और स्वतंत्र है मेरा प्रेम,

अभिव्यक्ति के लिए उपस्थिति की भी जरूरत नहीं।

कोई पाबंदी नहीं, ये मत करो, वो मत करो, वहाँ मत जाओ, उनसे मत मिलो, आदि-आदि,

क्यूँकि पता है मेरी रूह को, तुमसे रिश्ता आज का नहीं,

है ये, न जाने कब से अनादि।

भावों से भरा ये मेरा मन,

नहीं चाहता केवल सुंदर तन;

तन तो, कभी इसके खयाल में आती ही नहीं,

रहना चाहता है बस तेरा बन।

तुम पास रहो न रहो,

साथ रहोगी हमेशा,

क्यूँकि तुम्हारी साथ के लिए,

इजाज़त की ही जरूरत नहीं मुझे।

सच!

कितना मधुर, प्यारा, और पवित्र है मेरा प्रेम,

आनंद से भरा, अधूरे में भी पूरा-पूरा।

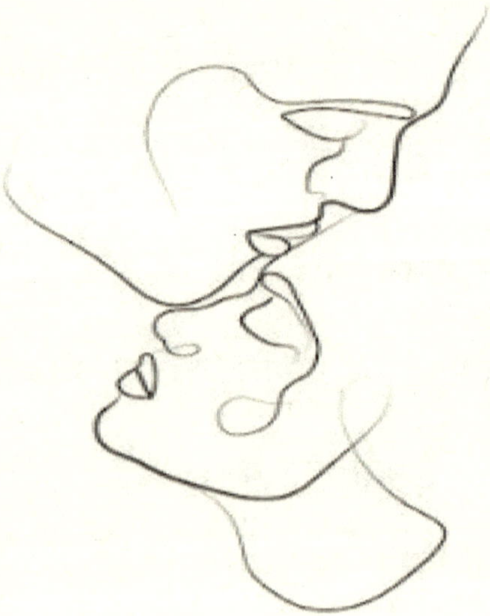

35. अनवरत प्यार

तुमको प्यार करने से,
तुम मुझको कैसे रोकोगी?
तुम थी नहीं,
तब भी तुम ही थी;
तुम हो अब,
तो बस तुम ही हो;
तुम न होगी,
तब भी तुम ही होगी;
बोलो, अब,
तुमको प्यार करने से,
तुम मुझको कैसे रोकोगी?

तुम्हें लगता है, तुम तुम हो बस,
पर तुम मुझमें भी कहीं समाई हो।

तन और मन से भी ऊपर,

तुम मेरे आत्मा की गहराई हो।

मौजूद यहाँ हो हर पल जब,

तो दूर कैसे जाओगी?

बोलो, अब,

तुमको प्यार करने से,

तुम मुझको कैसे रोकोगी?

36. क्या कहूँ मैं क्यों जलता हूँ?

क्या कहूँ मैं क्यों जलता हूँ?
सूरज नहीं, फिर भी तपता हूँ
बहुत सी कमियाँ जलानी हैं बाकी
इसलिए, बाहर शांत पर अंदर धधकता हूँ.
क्या कहूँ मैं क्यों जलता हूँ...?

काम जो शुरू किया था, बाकी है अभी,
तो कैसे से रोक दूँ खुद को,
गर तन से पसीना चलता है
और मन बोले आराम चाहता हूँ.
क्या कहूँ मैं क्यों जलता हूँ...?

अधूरी जो ख्वाहिशें हैं,
अब पूरा करना चाहता हूँ,
भटक लिया बहुत मृगतृष्णाओं में
मेहनत ही सब है जानता हूँ.
क्या कहूँ मैं क्यों जलता हूँ...?

अंधकार में जीते-जीते, भूल गया था रौशनी को
अमावश्या घिरी थी, जीवन मान लिया था चाँदनी को,
अब खुद ही जल कर, खुद को रौशन करना चाहता हूँ.
क्या कहूँ मैं क्यों जलता हूँ...?

नादान था मैं, उड़ने से डरता था,
आत्मसंशय इतनी, कि पंख खोलने से भी डरता था,
फैला अब बाहें अपनी, आजाद हूँ मैं, आजाद हूँ मैं,
जग से कहना चाहता हूँ.
क्या कहूँ मैं क्यों जलता हूँ...?

बुझी-बुझी सी जिंदगी, एहसानों में कट रही थी,
भीड़ में खोकर, जीवन अँधेरे में सिमट रही थी,
मंज़िल को पाना है अब, इसलिए चल रहा हूँ
पर रास्ते को पूरा जीना चाहता हूँ.
क्या कहूँ मैं क्यों जलता हूँ...?

तपिश बदन की, तकलीफ़ मन की,
कभी न कम होनी थी,
टुकड़ों में बिखरी जिंदगी,
न जाने किस कोने में खोनी थी
बचे भले न एक कतरा भी, मगर,
अब खुद को खुद में पाना चाहता हूँ.
क्या कहूँ मैं क्यों जलता हूँ...?

थी भ्रम मगर सच लगती थी
बस जिंदा था, जिंदगी कहाँ थी,

भीगी आँखें, असहाय मन,

बेजान ज़बान, और खोया अमन,

सबको अतीत कर, परिकल्पित कल के लिए,

अब एक नया आज चाहता हूँ.

क्या कहूँ मैं क्यों जलता हूँ...?

37. स्वार्थी याद!

याद भी अजीब चीज है ना!

लोग तभी करते हैं, जब

वो अकेले - तनहा, उदास होते हैं,

और हम पागल, खुश होते हैं, सोच

कि हम उनके दिल के करीब होते हैं...

याद लोग अक्सर इसलिए करते हैं

ताकि वो खुद के अकेलेपन और

बोरियत से बच सकें,

न कि तब जब हम अकेले होते हैं,

और वो हमें अकेलेपन और

बोरियत से बचा सकें।

सच!

बड़ी स्वार्थी चीज है याद!

38. मेरे रघुपति राघव राम

तुम ही राधा, तुम ही श्याम,
मेरे रघुपति राधाव राम...
तुम ही अल्लाह, ईशा और बुद्धा,
तुम ही तो हो सारे भगवान...
मेरे रघुपति राधाव राम...

तुम ही मक्का, तुम ही मदीना,
तुम ही मंदिर, तुम श्मशान
मेरे रघुपति राधाव राम...

तुम ही चींटी, तुम ही इंसान,
तुम ही तो प्रभु सारा जहान...
मेरे रघुपति राधाव राम...

कड़ी तेज जो धूप पड़े तो,

छाँव भी तुम ही देते हो,

ये मौसम का आना-जाना,

सब तेरा ही तो है काम...

मेरे रघुपति राधाव राम...

नए जीव को जनते हो तुम,

हर लेते फिर तुम ही प्राण...

मेरे रघुपति राधाव राम...

39. परी हो तुम

परी हो तुम, क्या परी ही हो?
छूकर देखूं तुमको
होता नहीं यकीं, मेरी ही हो
परी हो तुम, क्या परी ही हो?

नयन तुम्हारे मोती जैसे
गाल गुलाबी पंकज जैसे
नाजुक काया उपवन जैसे
हँसी तुम्हारी जीवन जैसे...
राधे की परछाईं हो,
या राधे रूप में हरी ही हो?
परी हो तुम, क्या परी ही हो?

मेरी जो अभिलाषा थी,

तुम उससे भी कहीं ज्यादा हो

एक नवीन जीवन होकर भी,

तुम तुममे मेरी आधा हो...

40. मैं काशी हूँ, मैं काबा हूँ!

जिंदगी क्या है, मै नहीं जानता हूँ,
खुद से शुरु, और वहीं अंत मानता हूँ।
आसमान में, यूँ तो तारें हैं हजार,
पर वही एक है, जिसे मैं चाहता हूँ।

उसको पाने की ललक में,
कई बार रवि से झुलसा हूँ,
रुकना मेरी फितरत नहीं,
झुकना मेरी आदत नहीं,
मैं भी प्रचंड हूँ।

मैं काशी हूँ, मैं काबा हूँ!
मैं ही सारा संसार,

आए अब आँधी जितनी भी,

मैं हूँ खूब तैयार।

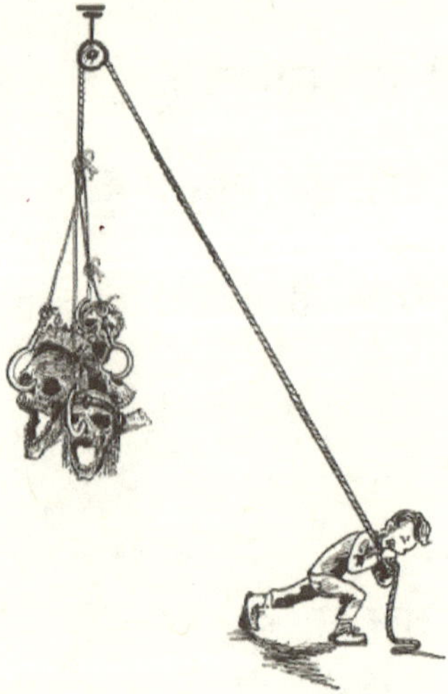

41. खुद ही बदल गया हूँ मैं

वक़्त कैसे बीतता है,
पता ही नहीं चलता
अभी है यहाँ, पल में वहाँ,
न जाने फिर कहाँ!

चलता है, दौड़ता है या उड़ता है
पता ही नहीं चलता।

इस वक़्त को पकड़ने की कोशिश में
लगता है वक़्त से भी आगे निकल गया हूँ मैं,
वक़्त को बदलने की कोशिश में,
लगता है, खुद ही बदल गया हूँ मैं।

बचपन तो कल ही बीती है,

ताज़ी है अभी भी,

तब की रुसवाइयाँ, बदमशियाँ और नासमझियाँ

माँ की वो डाँट, जो प्यार से भी प्यारी थी,

और पापा की वो मार,

जब मार कर वो खुद रोते थे रात भर।

जो भी हो, हर गलती की सज़ा कम ही मिलती थी,

क्योंकि जनाब घर में सबसे छोटे थे।

वो सुनहरी धूप का आनंद उठाना,

और घंटों दोस्तों संग खेलते रहना,

अभी भी उतनी ही ताज़ा है, मानो कल ही कोई चलचित्र देखी हो।

बालू में पटकम-पटकाई, गीली-डंडे में उच्छलम-उच्छलाई,

हारने के बाद राजू की टोली की धुलाई,

गहरे बैठे हैं जेहन में अभी भी,

चौबे सिर की वो पिटम-पिटाई।

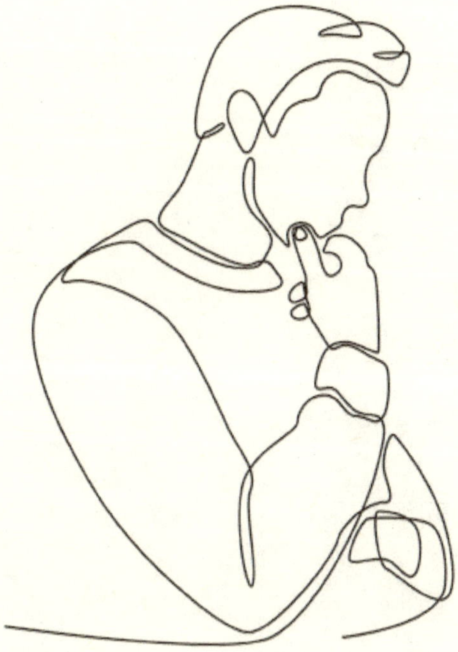

42. क्यूँ याद उनकी आती रही है!

क्यूँ याद उनकी,

यूँ आती रही है!

दिल को मेरे ये,

सताती रही है।

क्या बताऊँ इसको?

क्या समझाऊँ इसको?

समझता नहीं,

ये जिद्दी बड़ा है।

सच है पता

कि वो हैं अब किसी के,

फिर भी ये बुद्धू,

क्यूँ ज़िद पे अड़ा है?

नादान दिल है,

समझता हूँ मैं भी

पर रोकूँ मैं कैसे?

धड़कता है जब ये।

इसको पता क्या, कि

दुखता है कितना?

यादों में उनकी,

तड़पता है जब ये।

जब हैं ही नहीं वो हमारे,

फिर,

क्यूँ याद उनकी,

यूँ आती रही है?

दिल को मेरे ये

सताती रही है।

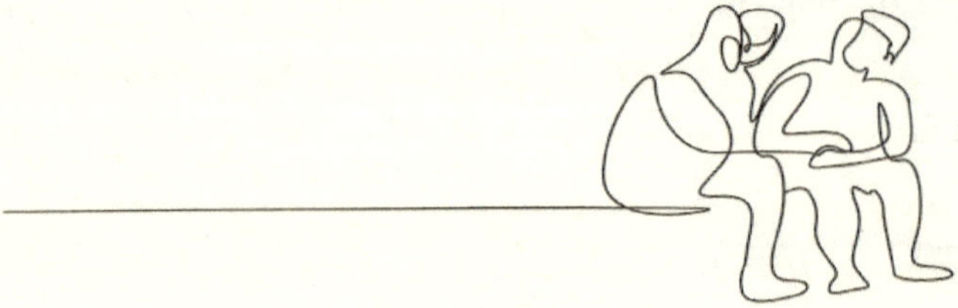

43. प्यार पर एक कविता

आज बहुत दिनों बाद प्यार पर कविता लिखने का
मन हुआ,

तुम्हारा चेहरा सामने आ गया।

मैंने वो सब लिख डाला, जो,

प्यार मैंने जिया था, तुम संग।

हाँ कुछ लम्हे ही सही,

पर वो पल बड़े ही अच्छे लगते हैं आज भी,

हमेशा के लिए आ जाओगी, सोचता हूँ आज भी।

क्यूँ टुकड़ों में आकर, यूँ, तड़पाती हो मुझे?

क्या सच में कभी, पूरी, जी भी पाऊँगा मैं तुझे?

बूँद-बूँद जिंदगी के, जाने क्यूँ मैं चखता हूँ!

तुम्हें पाकर भी तन्हा हूँ, क्यूँ ऐसे खुद को ठगता हूँ।

44. तू जागते सपने में आती है

हर रोज मेरी जागती आँखें,
तेरी सपने ही देखती हैं।

मेरा सर होता है, गोद में तेरे,
तू मेरी आँखें तकती है।

हाथ रख तू सर पे मेरे,
बस सहलाती रहती है।

मीठी-मीठी प्यारी बातें,
बड़े प्यार से कहती है।

हँसा-हँसा के मुझको यारा,
तू बहलाती रहती है।
दिल के अँधियारे कोने में,
वो छोटा सा किस्सा होता है,
जो कभी हुआ ही नहीं।
तेरी छुअन के अहसास से,
दिल मचल-मचल सा जाता है,
जबकि, कभी छुआ ही नहीं।

तभी ख़्वाब से, जागता हूँ मै,
घड़ी, जोर से बजती रहती है।

लाइट बुझा के सो ज बेटा,
अम्मा कहती रहती है।

लाख कोशिशों के बावजूद भी,

नींद मुझे न आती है,

पता भी न चलता है मुझको,

फिर, कब आँखें लग जाती हैं।

45. हाँ! प्यार हो गया है आपसे

हाँ! प्यार हो गया है आपसे,
जानते हैं!
गलती तो हुई है हमसे।

गुस्सा भी होंगी आप,
क्यूँकि,
ख़ता तो हुई है हमसे।

पर रस हो ही मीठी इतनी,
तो कहो फूल से,
भौंरा खुदको रोकेगा कैसे?

वो भी तब जब फूल,

खुद भी,

खेलती हो सदा भौरे से।

इसमें उसकी क्या गलती?

क्यूँकि,

उसने बेहया तो देखा तक नहीं।

कितने ही सुनहरे फूलों को,

देख,

नज़र फेर लिया, उसने छुआ तक नहीं।

तो अगर ये गुनाह है, कि,

दिल बस आपको चाहता है,

तो,

हाँ ये गुनाह हुई है हमसे।

हाँ!

प्यार हो गया है आपसे...

46. दूर से एक परी आती है

दूर से एक परी आती है,
मुसकुराती है और दिल को छू जाती है।
काली-काली, कोमल, कमल सी पलकों के बीच
हिरणी-सी सुनहरी, झील सी गहरी हैं उसकी आँखें।

संसार आधुरा-सा लगता है,
अब तो सच भी झूठ-सा लगता है।
होंठों की लाली और मीठी कोमलता,
मेरे दिल को सहलाती रहती है।
मीठी-मीठी बातें उसकी, कल्पना में,
मेरे मन को बहलाती रहती है।

मधुरिमा है वो, गुलाब-सी खुशबू वाली,
सागर की लहरों-सी बिखरी, केशु हैं काली-काली।
रौशन हो जाता है, दिल का घरौंदा मेरा,
जब भी वो होती है साथ, होती है मेरी दिवाली।
जब भी देर तक सो जाता हूँ,
मुझे प्यार से जगा देती है, उसकी कानों की बाली।

उसके गालों में डिम्पल का पड़ना,
भीगे बालों से मुझे भिगाना और खिलखिलाना।
याद आता है आज भी बिल्कुल वैसे,
खेला करती थी वो मुझसे जैसे।
मेरा रूठना, बातें न करना और उसका मनाना,
आज भी याद है,
मुझे मनाने के लिए उसका बातें बनाना।

वो यहाँ तो नहीं है, जानता हूँ मैं,
फिर भी हर वक्त साथ ही लगती है।
कभी तो ऐसा लगता है मानो,
मेरा सर है उसके गोद में, वो मेरी आँखें तकती है।
खैर एहसास की दुनिया में सच्चाई रहती है,
सपने में ही सही पर वो साथ तो रहती है।

वो पहला चुंबन आज भी याद है मुझे,
जाड़ा था, नदी का किनारा था, उसने थप्पड़ मारा था।
डूबते-डूबते जब उसने बचाया, वो पल बड़ा प्यारा था,
खूब जिया हमने, सच! वो वक़्त हमारा था।
आज भी जब वो गालों को सहला जाती है,
उफ़! एक आग-सी दिल में जला जाती है।

शायद पता था उसे कि जल्दी जाना था,
तभी हर दर्द सह के भी, मुझे खुशी देती थी।

मेरे धड़कन तक की भी खबर थी उसे,
शायद इसीलिए मेरे सीने में सर रखकर सोती थी।
दुख है कि, उसे कभी मनाया नहीं,
क्या करता, उसने कभी रूठा ही नहीं।

जब कभी रोता हूँ, अंधेरे कमरे में सोता हूँ,
सपने में वो आती है, आँसुओं को पोंछती है,
मुझे चूमती है, और फिर से जीना सिखाती है,
ताकि दिन को जी सकूँ और रात में उससे मिल सकूँ।
दूर है अब आशियाना उसका, क्या करूँ,
अब तो चलता भी नहीं बहाना क्या करूँ!

दूर से एक परी आती है,

मुसकुराती है, और दिल को छू जाती है,

काली-काली, कोमल, कमल-सी पलकों के बीच,

हिरणी-सी सुनहरी, झील-सी गहरी हैं उसकी आँखें।

47. वो ही जाने, वो क्या चाहती है?

मिलने को बुलाती है, फिर
खुद ही भाग जाती है
पता नहीं क्या खेल है ये?
वो ही इसे जानती है।

भुलाना चाहूँ लाख उसे,
पर फिर वो याद आती है।
दिल की बेचैनी पता नहीं,
क्यूँ बढ़ती ही जाती है।

कुछ कहना है, शायद उसको,
पर चुप-चुप-सी वो रहती है।

मिलने के बहाने से कभी,
मेरे डिपार्टमेंट में आया करती है,
देखने के लिए मुझको, वो
खिड़की से ताका करती है।
दूर होने से मेरे पता नहीं,
वो गुस्सा क्यूँ हो जाती है!

मिलना दिल भी चाहता है,
पर आग से खेलें कैसे
जाँ जलने से डरता है,
भटकाओं से बचे रहो,
मंज़िल को तुम्हें पाना है,
मन ये मेरा कहता है।

दोस्ती है ये, कुछ और नहीं,
इसलिए, दिल अपनी सरहदें समझता है।

मिलने को तो वो कहती है,

पर ये जान, सरहदें लाँघने से डरता है।

48. मैं नहीं मानता - तू मुस्लिम है!

मैं नहीं मानता, तू मुस्लिम है!
मैं नहीं मानता मैं हिन्दू हूँ!
कोई जाट, सिक्ख तो कोई
खुद को क्रिस्तान कहे।
भेद-भाव मैं जानू ना,
सबको-ही इंसान कहूँ।

तेरे-मेरे दिल की डोर,
बंधी प्यार की डोरी से।
तोड़ देगा कैसे कोई,
जाति-धर्म की छूरी से।
दिखा ले ये दुनिया,
जितना भी ये ज़ालिम है,

हाँ मैं (नहीं मानता तू मुस्लिम है!) -२

चिल्लाते हैं वही जाति-धर्म, जाति-धर्म,

जो नहीं जानते इसका मर्म।

धर्म का गला घोंटने वाले,

वो खुद ही इसके मुजरिम हैं।

मैं (नहीं मानता तू मुस्लिम है!) -२

अल्लाह वही है, राम वही है,

ईसा का पैगाम यही है,

काशी यहीं है, मक्का यहीं है,

यारों चारों धाम यहीं है।

जो नहीं मानता काफ़िर है,

भक्त के भेष में ज़ालिम है।

मैं नहीं मानता तू मुस्लिम है!

हाँ! नहीं मानता तू मुस्लिम है।

49. जिंदगी क्या है?

बहुत अजीब है जिंदगी,

कभी खुशी तो कभी गम है जिंदगी

कौवे सी कर्राहट है,

तो कभी कोयल सी मिठास है जिंदगी

धूप की जलन है,

तो कभी वसंत की बूँद है जिंदगी

बरसात की बहाव है,

तो कभी शरद सी शांत है जिंदगी

चाँद की सुधा है,

तो कभी सूरज की प्रचंडता है जिंदगी

लहलहाती वृक्ष है,

तो कभी पतझड़ की प्रकोप है जिंदगी

पक्षियों सी उड़ान है,

तो कभी ओस की बूँद है जिंदगी

पल में मिटती है,

तो कभी पल में बनती है जिंदगी

पहाड़ों सी ऊँचाई है,

तो कभी गहरी खाई है जिंदगी

खुशियों की बौछार है,

तो कभी दुःखों की आह है जिंदगी

आज़ाद पक्षी है,

तो कभी खुद ही गुलाम है जिंदगी...

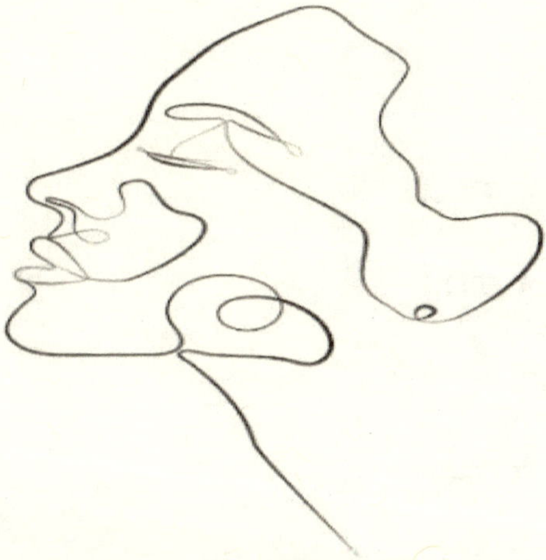

50. जिंदा हैं क्यूँ? पता चल जो जाता!

जिंदा हैं क्यूँ?
गर, पता चल जो जाता,
रोते हुए भी,
ये दिल मुसकुराता।

बिन राह के,
बस चले जा रहे हैं,
गीत वही,
क्यूँ हम गा रहे हैं?
जो सबने है गाया
और गा भी रहे हैं।
बस चाह में हम,
सब जिये जा रहे हैं।

जो मन में आए,
सब किए जा रहे हैं।
मंज़िल बिना, गुमराह सब,
अनजान डगर, बढ़े जा रहे हैं।

थके हैं, पता है,
न जाने क्यूँ फिर भी,
रुकते नहीं हैं।
भटके हैं, पता है,
दिल की क्यूँ फिर भी,
सुनते नहीं हैं।

क्या पाया नहीं है?
क्या पाना है बाकी?
जो पा भी लो सब,
तो फिर क्या करोगे?

छोड़ना ही होगा, सब,
जब तुम मरोगे।

अभी तो शुरू है,
इसका अंत कहाँ है?
दिखता है छोटा,
पर अनंत ये जहाँ है।

तू भटका है राही,
क्यूँ समझता नहीं है?
तू बालक-सा जग में,
ये माया खिलौना,
लुभाती तुम्हें है,
रिझाती तुम्हें है,
कभी खिलखिला कर,
हँसाती तुम्हें है।

पता नहीं पर, फिर,

बुद्धू बना कर,

जाल में ये माया,

फँसाती तुम्हें है।

कभी, गर हो जो फुरसत,

तो पूछो ये खुद से,

कौन हो तुम?

कहाँ से हो आए?

कहाँ को है जाना?

और यहाँ क्या प्रयोजन?

पर न उत्तर कहीं है,

जानना है खुद ही।

बोया है जो भी,

काटना है खुद ही।

काश!

जिंदा हैं क्यूँ?

गर पता चल जो जाता,

रोते हुए भी,

ये दिल मुसकुराता...

चित्र-श्रेय

1. https://www.freepik.com/free-vector/hand-drawn-flat-design-simple-flower-outline_25563959.htm Image by freepik (on page no. 11)
2. https://www.freepik.com/free-vector/young-man-thinking-travel-thought-bubble-white-background_30734227.htm Image by Rochak Shukla (on page no. 14)
3. https://www.freepik.com/premium-ai-image/couple-mockup-pencil-art-ai-generated_56401629.htm#fromView=search&term=pencil+sketch+of+a+boy+in+love+with+a+girl&page=1&position=36&track=ais_ai_generated&regularType=ai Image by darshanakodithuwakkugraphics (on page no. 16)
4. https://www.freepik.com/premium-ai-image/couple-strolling-down-city-street-hand-hand-generative-ai_43101780.htm#fromView=search&term=pencil+sketch+of+couple+strolling+down+in+city+street+-+hand-hand&page=1&position=31&track=ais_ai_generated&regularType=ai

   Image by user27955914</a> on Freepik (on page no. 18)
5. https://www.freepik.com/free-vector/romantic-lovers-valentine-s-day-cartoon-hand-drawn-sketch-vector-background_22408546.htm

   Image by Rochak Shukla</a> on Freepik (on page no. 22)
6. https://www.freepik.com/premium-vector/sketch-cityscape-germany-show-traffic-jam-sportation-berlin_10482705.htm

   Image by user21744126 (on page no. 25)
7. https://www.freepik.com/premium-ai-image/illustration-child-walking-forest-together-cartoon_67385441.htm#fromView=search&term=pencil+sketch+of+a+boy+sitting+under+pepal+tree&page=1&position=38&track=ais_ai_generated&regularType=ai%22

   Image by arifusan19 (on page no. 32)

8. https://www.freepik.com/premium-ai-image/drawing-man-woman-with-broken-wall-them_69808873.htm#fromView=search&term=pencil+sketch+of+a+wife+cheating+her+husband&page=1&position=36&track=ais_ai_generated&regularType=ai

   Image by shijil619 (on page no. 35)

9. https://www.freepik.com/premium-ai-image/happy-independence-day-america-kids-coloring-page-simple-black-white-no-shading-white-backgro_53283481.htm#fromView=search&term=line+drawing+of+a+man+in+love+with+woman+in+bed&page=4&position=14&track=ais_ai_generated&regularType=ai

   Image by hannandesignstudio (on page no. 38)

10. https://www.freepik.com/free-vector/attractive-man-s-face-dissolving-into-pen-lines-sketch-illustration_29121350.htm

    Image by Rochak Shukla (on page no. 41)

11. https://www.freepik.com/free-vector/businessman-climbing-up-staircase-career-ladder-success-concept_30832206.htm

    Image by Rochak Shukla</a> on Freepik (on page no. 43)

12. https://www.freepik.com/premium-vector/valentine-day-loving-couple-big-tree-park-hand-drawn-sketch-vector-illustration_29082223.htm

    Image by Rochak Shukla (on page no. 48)

13. https://www.freepik.com/premium-ai-image/illustration-guy-sitting-with-cup-coffee-by-window_77184037.htm#query=pencil%20sketches%20a%20man%20train%20window &position=25&from_view=search &track=ais

    Image by erenick (on page no. 59)

14. https://www.freepik.com/free-vector/business-man-balancing-rope-thinking-fall-down-hand-drawn-sketch-vector-illustration_30700200.htm

    Image by Rochak Shukla (on page no. 62)

15. https://www.freepik.com/free-vector/dressmaker-is-drawing-fashion-sketch-hand-drawn-sketch-vector-illustration_30897056.htm

    Image by Rochak Shukla (on page no. 64)

16. https://www.freepik.com/premium-vector/back-view-walking-businessman-road-success-concept-vector-illustration-sketch_35005365.htm

Image by Abybak (on page no. 66)

17. https://www.freepik.com/premium-vector/resentful-couple-love-trips-distant-couple-stage-marriage_34724238.htm#page=2&query=line%20drawing-a%20boy-and%20a%20girl-hugging%20and%20separating&position=20&from_view=search&track=ais

Image by aliozelbt (on page no. 71)

18. https://www.freepik.com/premium-vector/man-is-thinking-sitting-tree-hand-drawn-sketch-vector-illustration_17750860.htm

Image by Rochak Shukla (on page no. 73)

19. https://www.freepik.com/free-vector/romantic-lovers-valentines-day-cartoon-hand-drawn-sketch-vector-background_23119587.htm

Image by Rochak Shukla (on page no. 75)

20. https://www.freepik.com/free-vector/businessman-hanging-by-rope-urban-city-background-hand-drawn-sketch-vector-illustration_30734237.htm

Image by Rochak Shukla (on page no. 77)

21. https://www.freepik.com/premium-vector/continuous-drawing-single-line-art-illustration-romantic-couple_37583651.htm

Image by kabelhitam (on page no. 78)

22. https://www.freepik.com/premium-vector/businessman-looking-doors-pondering-decision-concept-vector-illustration-sketch_35426800.htm

Image by Abybak (on page no. 82)

23. https://www.freepik.com/premium-ai-image/drawing-two-babies-with-one-being-mother_48666819.htm#fromView=search&term=pencil+sketch+of+begging+lady+with+a+baby+in+her+lap&page=2&position=28&track=ais_ai_generated&regularType=ai%22

Image by willie879 (on page no. 85)

24. https://www.freepik.com/premium-ai-image/drawing-person-hiding-cupboard-with-their-head-door-generative-ai_78320649.htm#fromView=search&term=pencil+sketches+with+white+background+of+a+man+regretting+his+life+on+death+bed&page=1&position=20&track=ais_ai_generated&regularType=ai
Image by limitless-i (on page no. 89)
25. https://www.freepik.com/premium-ai-image/lonely-woman-sitting-floor-sadness_53617694.htm#fromView=search&term=pencil+images+of+a+girl+in+a+brothel+%2Bin+pain%2Bin+regret&page=1&position=38&track=ais_ai_generated&regularType=ai
Image by @Alexokov (on page no. 92)
26. https://www.freepik.com/premium-ai-image/arafed-image-man-suit-jumping-air-generative-ai_54890144.htm#fromView=search&term=pencil+sketches+of+a+man+in+joy&page=1&position=47&track=ais_ai_generated&regularType=ai
Image by Epiphany (on page no. 95)
27. https://www.freepik.com/premium-ai-image/sketch-man-woman_56207414.htm#fromView=search&term=pencil+sketch+of+a+man+in+love+with+a+woman&page=1&position=11&track=ais_ai_generated&regularType=ai
Image by randy184 (on page no. 98)
28. https://www.freepik.com/premium-ai-image/woman-girl-depressed-sitting-floor-anxious-scared-black-white-illustration_59178504.htm#query=Pencil%20sketch%20of%20a%20women%20who%20is%20victim%20of%20rape&position=11&from_view=search&track=ais
Image by randy184 (on page no. 102)
29. https://www.freepik.com/premium-vector/one-line-drawing-couple-walking-leisure-romantic-scene-view-vector-illustration_29949918.htm
Image by Pizzara (on page no. 105)
30. https://www.freepik.com/premium-ai-image/most-amazing-realistic-hd-8k-wallpaper-stock-photographic-image_71804999.htm#fromView=search&term=pencil+sketches+of+a+father+and+a+son+%2B+white+background&page=1&position=14&track=ais_ai_generated&regularType=ai
Image by Faiz Ch (on page no. 108)

31. https://images.app.goo.gl/QZdJKdYeW2AndBfc6
Image by Swati Banerjee (on page no. 113)
32. https://www.freepik.com/premium-vector/face-beautiful-woman-style-line-art_33303085.htm
Image by Morkpork (on page no. 119)
33. https://www.freepik.com/free-vector/rocket-planet-draw_4740030.htm
Image by grmarc (on page no. 128)
34. https://www.freepik.com/free-vector/simple-sketch-man-running_23715234.htm
Image by brgfx (on page no. 130)
35. https://www.freepik.com/premium-vector/abstract-man-woman-touch-by-one-line-vector-drawing-nature-symbol-cosmetics-fashion-print_22353259.htm
Image by timonmalinovskiy22092000 (on page no. 134)
36. https://www.freepik.com/premium-vector/cute-vector-illustration-love-romance-boy-girl-save-date_33849668.htm
Image by sstasiaiurevna (on page no. 136)
37. https://www.freepik.com/premium-vector/single-one-line-drawing-man-writing-notes-front-laptop-continuous-line-draw-design-graphic-vector-illustration_37563243.htm
Image by GM Vector (on page no. 140)
38. https://www.freepik.com/premium-vector/depression-sad-man-oneline-continuous-single-line-art_21721620.htm
Image by brown (on page no. 142)
39. https://www.freepik.com/free-vector/hand-drawn-praying-hands-background_3526334.htm
Image by freepik (on page no. 144)
40. https://www.freepik.com/free-vector/hand-draw-mothers-day-woman-baby-sketch-card-background_41529315.htm
Image by Harryarts (on page no. 146)
41. https://www.freepik.com/free-vector/man-pulling-rope-with-man-skull-wallpaper_31299760.htm
Image by Rochak Shukla (on page no. 148)
42. https://www.freepik.com/premium-vector/continuous-line-worried-man-thinking_34557777.htm
Image by collayart (on page no. 151)

43. https://www.freepik.com/premium-vector/friend-coworker-supporting-depressed-person-sitting-talking-giving-comfort_32777473.htm

Image by aliozelbt (on page no. 154)

44. https://www.freepik.com/premium-vector/one-continuous-single-line-drawing-woman-man-hugs-young-couple_39665106.htm

Image by AllaLine (on page no. 156)

45. https://www.freepik.com/free-vector/romantic-lovers-valentine-s-day-cartoon-hand-drawn-sketch-vector-background_22668734.htm

Image by Rochak Shukla (on page no. 159)

46. https://www.freepik.com/premium-vector/one-line-drawing-couple-walking-leisure-romantic-scene-view-vector-illustration_29949918.htm

Image by pizzara (on page no. 162)

47. https://www.freepik.com/free-vector/romantic-lovers-valentine-s-day-cartoon-hand-drawn-sketch-vector-background_22513621.htm

Image by Rochak Shukla (on page no. 167)

48. https://www.freepik.com/premium-vector/drawing-two-students-campus-standing-side-side-looking-straight-ahead-single-continuous-line-art-style_35674698.htm

Image by user4541274 (on page no. 170)

49. https://www.freepik.com/premium-vector/abstract-man-woman-touch-by-one-line-vector-drawing-nature-symbol-cosmetics-fashion-print_22353259.htm

Image by timonmalinovskiy22092000 (on page no. 172)

50. https://www.freepik.com/premium-vector/happy-woman-one-line-drawing-face-hair_31353491.htm

Image by matveevam (on page no. 175)

51. https://www.freepik.com/premium-vector/fashionable-illustration-cosmetics-continuous-line-art-fashionable-minimal-print_32653890.htm

Image by matveevam (on page no. 180)

www.ingramcontent.com/pod-product-compliance
Lightning Source LLC
LaVergne TN
LVHW040434051026
849517LV00002B/597
* 9 7 9 8 8 9 1 8 6 3 3 3 0 *